ELECTRA

BENITO PÉREZ GALDÓS

ELECTRA

DRAMA EN CINCO ACTOS

BIBLIOBAZAAR

ELECTRA

PERSONAJES	ACTORES
ELECTRA *(18 años.)*	*DOÑA MATILDE MORENO.*
EVARISTA *(50 años),*	
esposa de Don Urbano.	*DOÑA EMILIA LLORENTE.*
MÁXIMO *(35 años.)*	*DON FRANCISCO FUENTES.*
DON SALVADOR	
DE PANTOJA	
(50 años.)	*DON RICARDO VALERO.*
EL MARQUÉS DE RONDA	
(58 años.)	*DON FERNANDO ALTARRIBA.*
DON LEONARDO CUESTA,	
agente de bolsa (50 años.)	*DON RAMÓN VALLARINO.*
DON URBANO	
GARCÍA YUSTE	
(55 años.)	*DON JOSÉ SALA-JULIÉN.*
MARIANO,	
auxiliar de laboratorio.	DON JOSÉ CULVERA.
GIL, *calculista.*	*DON JULIO DEL CERRO.*
BALBINA, *criada vieja.*	*DOÑA MARÍA ANAYA.*
PATROS, *criada joven.*	*DOÑA ANTONIA ARÉVALO.*
JOSÉ, *riado viejo.*	DON FERNANDO CALVO.
SOR DOROTEA.	*DOÑA CONSUELO BADILLO.*
UN OPERARIO.	DON SIXTO CODURAS.
LA SOMBRA DE	
ELEUTERIA.	*DOÑA FLORENTINA A. DEL VALLE.*

NOTA.- Accediendo a los deseos de la empresa y del autor, la primera actriz Doña Consuelo Badillo ha desempeñado un papel inferior a su categoría artística.

La acción en Madrid, rigurosamente contemporánea.

ACTO I

Sala lujosa en el Palacio de los señores de García Yuste. A la derecha, paso al jardín. Al fondo comunicación con otras salas del edificio. A la derecha primer término, puerta de la habitación de ELECTRA. (Izquierda y derecha se entiende del espectador.)

Escena I
El MARQUÉS; JOSÉ por el foro.

JOSÉ.- Están en el jardín. Pasaré recado.

MARQUÉS.- Aguarda. Quiero dar un vistazo a esta sala. No he visitado a los señores de García Yuste desde que habitan su nuevo palacio . . . ¡Qué lujo! . . . Hacen bien. Dios les da para todo, y esto no es nada en comparación de lo que consagran a obras benéficas. ¡Siempre tan generosos . . . !

JOSÉ.- ¡Oh, sí, señor!

MARQUÉS.- Y siempre tan retraídos . . . aunque hay en la familia, según creo, una novedad muy interesante . . .

JOSÉ.- ¿Novedad? ¡Ah! sí . . . ¿lo dice por . . . ?

MARQUÉS.- Oye, José: ¿harás lo que yo te diga?

JOSÉ.- Ya sabe el señor Marqués que nunca olvido los catorce años que le serví . . . Mande Vuecencia.

MARQUÉS.- Pues bien: hoy vengo exclusivamente por conocer a esa señorita que tus amos han traído poco ha de un colegio de Francia.

JOSÉ.- La señorita Electra.

MARQUÉS.- ¿Podrás decirme si sus tíos están contentos de ella, si la niña se muestra cariñosa, agradecida?

JOSÉ.- ¡Oh! sí . . . Los señores la quieren . . . Sólo que . . .

MARQUÉS.- ¿Qué?

JOSÉ.- Que la niña es algo traviesa.

MARQUÉS.- La edad . . .

JOSÉ.- Juguetona, muy juguetona, señor.

MARQUÉS.- Es monísima; según dicen, un ángel . . .

JOSÉ.- Un ángel, si es que hay ángeles parecidos a los diablos. A todos nos trae locos.

MARQUÉS.- ¡Cuánto deseo conocerla!

JOSÉ.- En el jardín la tiene Vuecencia. Allí se pasa toda la mañana enredando y haciendo travesuras.

MARQUÉS.- (Mirando al jardín.) Hermoso jardín, parque más bien: arbolado viejo, del antiguo palacio de Gravelinas . . .

JOSÉ.- Sí, señor.

MARQUÉS.- La magnífica casa de vecindad que veo allá ¿no es también de tus amos?

JOSÉ.- Con entrada por el jardín y por la calle. En el piso bajo tiene su laboratorio el sobrino de los señores: el señorito Máximo, primer punto de España en las matemáticas y en la . . . en la . . .

MARQUÉS.- Sí: el que llaman el *Mágico prodigioso* . . . Le conocí en Londres . . . no recuerdo la fecha . . . Aún vivía su mujer.

JOSÉ.- El pobrecito quedó viudo en Febrero del año pasado . . . Tiene dos niños lindísimos.

MARQUÉS.- No hace mucho he renovado con Máximo mi antiguo conocimiento, y aunque no frecuento su casa, por razones que yo me sé, somos grandes amigos, los mejores amigos del mundo.

JOSÉ.- Yo también le quiero ¡Es tan bueno . . . !

MARQUÉS.- Y dime ahora: ¿no se arrepienten los señores de haber traído ese diablillo?

JOSÉ.- (Recelando que venga alguien.) Diré a Vuecencia . . . Yo he notado . . . (Ve venir a DON URBANO por el jardín.) El señor viene.

MARQUÉS.- Retírate . . .

Escena II
El MARQUÉS, DON URBANO.

MARQUÉS.- (Dándole los brazos.) Mi querido Urbano . . .

DON URBANO.- ¡Marqués! ¡Dichosos los ojos . . . !

MARQUÉS.- ¿Y Evarista?

DON URBANO.- Bien. Extrañando mucho las ausencias del ilustre Marqués de Ronda.

MARQUÉS.- ¡Ay, no sabe usted qué invierno hemos pasado!

DON URBANO.- ¿Y Virginia?

MARQUÉS.- No está mal. La pobre, siempre luchando con sus achaques. Vive por el vigor tenaz, testarudo digo yo, de su grande espíritu.

DON URBANO.- Vaya, Vaya . . . ¿Con que . . . ? (Señalando al jardín.) ¿Quiere usted que bajemos?

MARQUÉS.- Luego. Descansaré un instante. (Se sienta.) Hábleme usted, querido Urbano, de esa niña encantadora, de esa Electra, a quien han sacado, ustedes del colegio.

DON URBANO.- No estaba ya en el colegio. Vivía en Hendaya con unos parientes de su madre. Yo nunca fui partidario de traerla a vivir con nosotros; pero Evarista se encariñó hace tiempo con esa idea; su objeto no es otro que tantear el carácter de la chiquilla, ver si podremos obtener de ella una buena mujer, o si nos reserva Dios el oprobio de que herede las mañas de su madre. Ya sabe usted que era prima hermana de mi esposa, y no necesito recordarle los escándalos de Eleuteria, del 80 al 85.

MARQUÉS.- Ya, ya.

DON URBANO.- Fueron tales, que la familia, dolorida y avergonzada, rompió con ella toda relación. Esta niña, cuyo padre se ignora, se crió junto a su madre hasta los cinco años. Después la llevaron a las Ursulinas de Bayona. Allí, ya fuese por abreviar, ya por embellecer el nombre, dieron en llamarla *Electra*, que es grande novedad.

MARQUÉS.- Perdone usted, novedad no es; a su desdichada madre, Eleuteria Díaz, los íntimos la llamábamos también *Electra*, no sólo por abreviar, sino porque a su padre, militar muy valiente, desgraciadísimo en su vida conyugal, le pusieron *Agamenón*.

DON URBANO.- No sabía ... Yo jamás me traté con esa gente. Eleuteria, por la fama de sus desórdenes, se me representaba como un ser repugnante ...

MARQUÉS.- Por Dios, mi querido Urbano, no extreme usted su severidad. Recuerde que Eleuteria, a quien llamaremos *Electra I*, cambió de vida ... Ello debió de ser hacia el 88.

DON URBANO.- Por ahí ... Su arrepentimiento dio mucho que hablar. En San José de la Penitencia murió el 95 regenerada, abominando de su libertinaje horrible, monstruoso ...

MARQUÉS.- (Como reprendiéndole por su severidad.) Dios la perdonó ...

DON URBANO.- Sí, sí ... perdón, olvido ...

MARQUÉS.- Y ustedes, ahora, tantean a Electra II para saber si sale derecha o torcida. ¿Y qué resultado van dando las pruebas?

DON URBANO.- Resultados obscuros, contradictorios, variables cada día, cada hora. Momentos hay en que la chiquilla nos revela excelsas cualidades, mal escondidas en su inocencia; momentos en que nos parece la criatura más loca que Dios ha echado al mundo. Tan pronto le encanta a usted por su candor angelical, tomo le asusta por las agudezas diabólicas que saca de su propia ignorancia.

MARQUÉS.- Exceso de imaginación quizás, desequilibrio. ¿Es viva?

DON URBANO.- Tan viva como la misma electricidad, misteriosa, repentina, de mucho cuidado. Destruye, trastorna, ilumina.

MARQUÉS.- (Levantándose.) La curiosidad me abrasa ya. Vamos a verla.

Escena III

El MARQUÉS, DON URBANO; CUESTA, por el fondo.

CUESTA.- (Entra con muestras de cansancio, saca su cartera de negocios y se dirige a la mesa.) Marqués . . . ¿tanto bueno por aquí . . . ?

MARQUÉS.- Hola, gran Cuesta. ¿Qué nos dice nuestro incansable agente . . . ?

CUESTA.- (Sentándose. Revela padecimiento del corazón.) El incansable . . . ¡ay! se cansa ya.

DON URBANO.- Hombre, ¿qué me dices del alza de ayer en el Amortizable?

CUESTA.- Vino de París con dos enteros.

DON URBANO.- ¿Has hecho nuestra liquidación?

MARQUÉS.- ¿Y la mía?

CUESTA.- En ellas estoy . . . (Saca papeles de su cartera y escribe con lápiz.) Luego sabrán ustedes las cifras exactas. He sacado todo el partido posible de la conversión.

MARQUÉS.- Naturalmente . . . siendo el tipo de emisión de los nuevos valores 79, 50 . . . habiendo, adquirido nosotros a precio muy bajo el papel recogido . . .

DON URBANO.- Naturalmente . . .

CUESTA.- Naturalmente, el resultado ha sido espléndido.

MARQUÉS.- La facilidad que nos enriquecemos, querido Urbano, la vida y e enciende en nosotros el amor de la vida y el entusiasmo por la belleza humana. Vámonos al jardín.

DON URBANO.- (A CUESTA.) ¿Vienes?

CUESTA.- Necesito diez minutos de silencio para ordenar mis apuntes.

DON URBANO.- Pues te dejamos solo. ¿Quieres algo?

CUESTA.- (Abstraído en sus apuntes.) No . . . Sí: un vaso de agua. Estoy abrasado.

DON URBANO.- Al momento. (Sale con el MARQUÉS hacia el jardín.)

Escena IV

CUESTA, PATROS.

CUESTA.- (Corrigiendo los apuntes.) ¡Ah! sí, había un error. A los de Yuste corresponden . . . un millón seiscientas mil pesetas. Al Marqués de Ronda, doscientas veintidós mil. Hay que descontar las doce mil y pico, equivalentes a los nueve mil francos . . . (Entra PATROS con vasos de agua, azucarillos, coñac. Aguarda un momento a que CUESTA termine sus cálculos.)

PATROS.- ¿Lo dejo aquí, Don Leonardo?

CUESTA.- Déjalo y aguarda un instante . . . Un millón ochocientos . . . con los seiscientos diez . . . hacen . . . Ya está claro. Bueno, bueno . . . Con que, Patros . . . (Echa mano al bolsillo, saca dinero y se lo da.)

PATROS.- Señor, muchas gracias.

CUESTA.- Con esto te digo que espero de ti un favor.

PATROS.- Usted dirá, Don Leonardo.

CUESTA.- Pues . . . (Revolviendo el azucarillo.) Verás . . .

PATROS.- ¿No pone coñac? Si viene sofocado, el agua sola puede hacerla dado.

CUESTA.- Sí: pon un poquito . . . Pues quisiera yo . . . no vayas a tomarlo a mala parte . . . quisiera yo hablar un ratito a solas con la señorita Electra. Conociéndome cómo me conoces, comprenderás que mi objeto es de los más puros, de los más honrados. Digo esto para quitarte todo escrúpulo . . . (Recoge sus papeles.) Antes que alguien venga, ¿puedes decirme qué ocasión, qué sitio son los más apropiados . . . ?

PATROS.- ¿Para decir cuatro palabritas a la señorita Electra? (Meditando.) Ello ha de ser cuando los señores despachan con el apoderado . . . Yo estaré a la mira . . .

CUESTA.- Si pudiera ser hoy, mejor.

PATROS.- El señor ¿vuelve luego?

CUESTA.- Volveré, y con disimulo me adviertes . . .

PATROS.- Sí, sí . . . Pierda cuidado. (Recoge el servicio y se retira.)

Escena V

CUESTA; PANTOJA, enteramente vestido de negro.
Entra en escena meditabundo, abstraído.

CUESTA.- Amigo Pantoja, Dios la guarde. ¿Vamos bien?

PANTOJA.- (Suspira.) Viviendo, amigo, que es como decir: esperando.

CUESTA.- Esperando mejor vida . . .

PANTOJA.- Padeciendo en ésta todo lo que el Señor disponga para hacernos dignos de la otra.

CUESTA.- ¿Y de salud?

PANTOJA.- Mal y bien. Mal, porque me afligen desazones y achaques; bien, porque me agrada el dolor, y el sufrimiento me regocija. (Inquieto y como dominado de una idea fija, mira hacia el jardín.)

CUESTA.- Ascético estáis.

PANTOJA.- ¡Pero esa loquilla . . . ! Véala usted correteando con los chicos del portero, con los niños de Máximo y con otros de la vecindad. Cuando la dejan explayarse en las travesuras infantiles, está Electra en sus glorias.

CUESTA.- ¡Adorable muñeca! Quiera Dios hacer de ella una mujer de mérito.

PANTOJA.- De la muñeca graciosa, de la niña voluble, podrá salir un ángel más fácilmente que saldría de la mujer.

CUESTA.- No le entiendo a usted, amigo Pantoja.

PANTOJA.- Me entiendo yo . . . Mire, mire cómo juegan. (Alarmado.) ¡Jesús me valga! ¿A quién veo allí? ¿Es el Marqués de Ronda?

CUESTA.- El mismo.

PANTOJA.- Ese corrompido corruptor, Tenorio de la generación pasada, no se decido a jubilarse Por no dar un disgusto a Satanás . . .

CUESTA.- Para que pueda decirse una vez más que no hay paraíso sin serpiente.

PANTOJA.- ¡Oh, no! ¡Serpiente ya teníamos! (Nervioso y displicente, se pasea por la escena.)

CUESTA.- Otra cosa: ¿no se ha enterado usted de la millonada que los traigo?

PANTOJA.- (Sin prestar gran atención al asunto, fijándose en otra idea que no manifiesta.) Sí, ya sé . . . ya . . . Hemos ganado una enormidad . . .

CUESTA.- Evarista completará su magna obra de piedad . . .

PANTOJA.- (Maquinalmente.) Sí.

CUESTA.- Y usted dedicará mayores recursos a San José de la Penitencia.

PANTOJA.- Sí . . .   (Repitiendo una idea fija.) Serpiente ya teníamos. (Alto.) ¿Qué me decía usted, amigo Cuesta?

CUESTA.- Que . . .

PANTOJA.- Perdone usted . . . ¿Es cierto que el vecino de enfrente, nuestro maravilloso sabio, inventor y casi taumaturgo, piensa mudar de residencia?

CUESTA.- ¿Quién? ¿Máximo? Creo que sí. Parece que en Bilbao y en Barcelona acogen con entusiasmo sus admirables estudios para nuevas aplicaciones de la electricidad; y le ofrecen cuantos capitales necesite para plantear estas novedades.

PANTOJA.- (Meditabundo.) ¡Oh! . . . Capital, dentro de mis medios, yo se lo daría, con tal que . . .

PANTOJA, CUESTA; EVARISTA,
DON URBANO, el MARQUÉS, que vienen del jardín.

EVARISTA.- (Soltando el brazo del MARQUÉS.) Felices, Cuesta. Pantoja, ¡cuánto me alegro de verla hoy! . . . (CUESTA y PANTOJA se inclinan y le besan la mano respetuosamente. Siéntase la señora a la derecha; el MARQUÉS, en pie, a su lado. Los otros tres forman grupo a la izquierda hablando de negocios.)

MARQUÉS.- (Reanudando con EVARISTA una conversación interrumpida.) Por ese camino, no sólo pasará usted a la Historia, sino al Año Cristiano.

EVARISTA.- No alabe usted, Marqués, lo que en absoluto carece de mérito . . . No tenemos hijos: Dios arroja sobre nosotros caudales y más caudales. Cada año nos cae una herencia. Sin molestarnos en lo más mínimo ni discurrir cosa alguna, el exceso de nuestras rentas, manejado en operaciones muy hábiles por el amigo Cuesta, nos crea sin sentirlo nuevos capitales. Compramos una finca, y al año la subida de los productos triplica su valor; adquirimos un erial, y resulta que el subsuelo es un inmenso almacén de carbón, de hierro, de plomo . . . ¿Qué quiere decir esto, Marqués?

MARQUÉS.- Quiere decir, mi venerable amiga, que cuando Dios acumula tantas riquezas sobre quien no las desea ni las estima, indica muy claramente que las concede para que sean destinadas a su servicio.

EVARISTA.- Exactamente. Interpretándolo yo del mismo modo, me apresuro a cumplir la divina voluntad. Lo que hoy me trae Cuesta, no hará más que pasar por mis manos, y con esto habré consagrado al Patrocinio siete millones largos, y aún haré más, para que la casa y colegio de Madrid tengan todo el decoro y la magnificencia que corresponden a tan grande instituto . . . Impulsaremos las obras de los colegios de Valencia y Cádiz . . .

PANTOJA.- (Pasando al grupo de la derecha.) Sin olvidar, amiga mía, la casa de enseñanzas superiores, que ha de ser santuario de la verdadera ciencia . . .

EVARISTA.- Bien sabe el amigo Pantoja que no ceso de pensar en ello.

DON URBANO.- (Pasando también a la derecha.) En ello pensamos noche y día.

MARQUÉS.- Admirable, admirable. (Se levanta.)

EVARISTA.- (A CUESTA, que también pasa a la derecha.) Y ahora, Leonardo, ¿qué hacemos?

CUESTA.- (Sentándose al lado de EVARISTA, propone a la señora nuevas operaciones.) Nos limitaremos por hoy a emplear alguna cantidad en dobles . . .

PANTOJA.- (El pie a la izquierda de EVARISTA.) O prima . . .

MARQUÉS.- (Paseando por la escena con DON URBANO.) Me permitirá usted, querido Urbano, que proclamando a gritos los méritos de su esposa, no eche en saco roto los míos, los nuestros: hablo por mí. Virginia ya lleva dado a Las Esclavas un tercio de nuestra fortuna.

DON URBANO.- De las más saneadas de Andalucía.

MARQUÉS.- Y en nuestro testamento se lo dejamos todo, menos la parte que destinamos a ciertas obligaciones y a la parentela pobre . . .

DON URBANO.- Muy bien . . . Pero, según mis noticias, no estuvo usted muy conforme, años ha, con que Virginia tuviera piedad tan dispendiosa.

MARQUÉS.- Es cierto. Pero al fin me catequizó. Suyo soy en cuerpo y alma. Me ha convertido, me ha regenerado.

DON URBANO.- Como a mí, mi Evarista.

MARQUÉS.- Por conservar la paz del matrimonio, empecé a contemporizar, a ceder, y cediendo y contemporizando, he llegado a esta situación. No me pesa, no. Hoy vivo en una placidez beatífica, curado de mis antiguas mañas. He llegado a convencerme de que Virginia no sólo salvará su alma, sino también la mía.

DON URBANO.- Como yo . . . Que me salve.

MARQUÉS.- Cierto que no tenemos iniciativa para nada.

DON URBANO.- Para nada, querido Marqués.

MARQUÉS.- Que a las veces, hasta el respirar nos está vedado.

URBANO.- Vedada la respiración . . .

MARQUÉS.- Pero vivimos tranquilamente.

DON URBANO.- Servimos a Dios sin ningún esfuerzo . . .

MARQUÉS.- Nuestras benditas esposas van delante de nosotros por el camino de la gloriosa eternidad y . . . Descuide usted, que no nos dejarán atrás.

DON URBANO.- Cierto.

EVARISTA.- ¿Urbano?

DON URBANO.- (Acudiendo presuroso.) ¿Qué?

EVARISTA.- Ponte a las órdenes de Cuesta para la liquidación, y para la entrega a los Padres . . .

DON URBANO.- Hoy mismo. (Se levanta CUESTA.)

EVARISTA.- Otra cosa: bajos un momento y lo dices a Electra que ya van tres horas de juego . . .

PANTOJA.- (Imperioso.) Que suba. Ya es demasiado retozar.

DON URBANO.- Voy. (Viendo venir a ELECTRA.) Ya está aquí.

Escena VII

Los mismos; ELECTRA, tras ella MÁXIMO.

ELECTRA.- (Entra corriendo y riendo, perseguida por MÁXIMO, a quien lleva ventaja en la carrera. Su risa es de miedo infantil.) Que no me coges . . . Bruto, fastídiate.

MÁXIMO.- (Trae en una mano varios objetos que indicará, y en la otra una ramita larga de chopo, que esgrime como un azote.) ¡Pícara, si te cojo . . . !

ELECTRA.- (Sin hacer caso de los que están en escena recorre ésta con infantil ligereza, y va a refugiarse en las faldas de DOÑA EVARISTA, arrodillándose a sus pies y echándole los brazos a la cintura.) Estoy en salvo . . . tía; mándele usted que se vaya.

MÁXIMO.- ¿Dónde está esa loca? (Con amenaza jocosa.) ¡Ah! Ya sabe dónde se pone.

EVARISTA.- ¿Pero, hija, cuándo tendrás formalidad? Máximo, eres tú tan chiquillo como ella.

MÁXIMO.- (Mostrando lo que trae.) Miren lo que me ha hecho. Me rompió estos dos tubos de ensayo . . . Y luego . . . vean estos papeles en que yo tenía cálculos que representan un trabajo enorme. (Muestra los papeles suspendiéndolos en alto.) Éste lo convirtió en pajarita; éste lo entregó a los chiquillos para que pintaran burros, elefantes . . . y un acorazado disparando contra un castillo.

PANTOJA.- ¿Pero se metió en el laboratorio?

MÁXIMO.- Y me indisciplinó a los niños, y todo me lo han revuelto.

PANTOJA.- (Con severidad.) Pero, señorita . . .

EVARISTA.- ¡Electra!

MARQUÉS.- ¡Deliciosa infancia! (Entusiasmada.) Electra, niña grande, benditas sean sus travesuras. Conserve usted mientras pueda su preciosa alegría.

ELECTRA.- Yo no rompí los cilindros. Fue Pepito . . . Los papeles llenos de garabatos, sí los cogí yo, creyendo que no servían para nada.

CUESTA.- Vamos, haya paces.

MÁXIMO.- Paces- (A ELECTRA.) Vaya te perdono la vida, te concedo el indulto por esta vez . . . Toma. (Le da la vara ELECTRA la coge pegándole suavemente.)

ELECTRA.- Esto por lo que me has dicho. (Pegándole con fuerza.) Esto por lo que callas.

MÁXIMO.- ¡Si no he callado nada!

PANTOJA.- Formalidad, juicio.

EVARISTA.- ¿Qué te ha dicho?

MÁXIMO.- Verdades que han de serle muy útiles . . . Que aprenda por sí misma lo mucho que aún ignora; que abra bien sus ojitos y los extienda por la vida humana, para que vea que no es todo alegrías, que hay también deberes, tristezas, sacrificios . . .

ELECTRA.- ¡Jesús, qué miedo! (En el centro de la escena la rodean todos, menos PANTOJA, que acude al lado de EVARISTA.)

CUESTA.- Conviene no estimular con el aplauso sus travesuras.

DON URBANO.- Y mostrarle un poquito de severidad.

MÁXIMO.- A severidad nadie me gana . . . ¿Verdad, niña, que soy muy severo y que tú me lo agradeces? Di que me lo agradeces.

ELECTRA.- (Azotándole ligeramente.) ¡Sabio cargante! Si esto fuera un azote de verdad, con más ganas te pegaría.

MARQUÉS.- (Risueño y embobado.) ¡Adorable! Pégueme usted a mí, Electra.

ELECTRA.- (Pegándole con mucha suavidad.) A usted no, porque no tengo confianza . . . Un poquito no más . . . así . . . (Pegando a los demás.) Y a usted . . . a usted . . . un poquito.

EVARISTA.- ¿Por qué no vas a tocar el piano para que te oigan estos señores?

MÁXIMO.- ¡Si no estudia una nota! Su desidia, es tan grande como su disposición para todas las artes.

CUESTA.- Que nos enseñe sus acuarelas y dibujos. Verá usted, Marqués. (Se agrupan todos junto a la mesa, menos EVARISTA y PANTOJA que hablan aparte.)

ELECTRA.- ¡Ay, sí! (Buscando su cartera de dibujos entre los libros y revistas que hay en la mesa.) Verán ustedes. Soy una gran artista.

MÁXIMO.- Alábate, pandero.

ELECTRA.- (Desatando las cintas de la cartera.) Tú a deprimirme, yo a darme bombo, veremos quién puede más . . . Ea, (Mostrando dibujos.) quédense pasmados. ¿Qué tienen que decir de estos magníficos apuntes de paisajes, de animales que parecen personas, de personas que parecen animales? (Todos se embelesan examinando los dibujos, que pasan de mano en mano.)

EVARISTA.- (Que apartando su atención del grupo del centro, entabla una conversación íntima con PANTOJA.) Tiene usted razón, Salvador. Siempre la tiene, y ahora, en el caso de Electra, en razón es como un astro de luz tan espléndida, que a todos nos obscurece.

PANTOJA.- Esa luz que usted cree inteligencia, no lo es. Es tan sólo el resplandor de un fuego intensísimo que está dentro: la voluntad. Con esta fuerza, que debo a Dios, he sabido enmendar mis errores.

EVARISTA.- Después de la confidencia que me hizo usted anoche, veo muy claro su derecho a intervenir en la educación de esta loquilla . . .

PANTOJA.- A marcarle sus caminos, a señalarle fines elevados . . .

EVARISTA.- Derecho que implica deberes inexcusables . . .

PANTOJA.- ¡Oh!, ¡Cuánto agradezco a usted que así lo reconozca, amiga del alma! ¡Yo temía que mi confidencia de anoche, historia funesta, que ennegrece los mejores años de mi vida, no haría perder su estimación!

EVARISTA.- No, amigo mío. Como hombre, ha estado usted sujeto a las debilidades humanas. Pero el pecador se ha regenerado, castigando su vida con las mortificaciones que trae el arrepentimiento, y enderezándola con la práctica de la virtud.

PANTOJA.- La tristeza, el amor a la soledad, el desprecio de las vanidades, fueron mi salvación. Pues bien: no sería completa mi enmienda si ahora no cuidara yo de dirigir a esta niña, para apartarla del peligro. Si nos descuidamos, fácilmente se nos irá por los caminos de su madre.

EVARISTA.- Mi parecer es que hable usted con ella . . .

PANTOJA.- A solas.

EVARISTA.- Eso pensaba yo: a solas. Hágale comprender de una manera delicada la autoridad que tiene usted sobre ella . . .

PANTOJA.- Sí, sí . . . No es otro mi deseo. (Siguen en voz baja.)

ELECTRA.- (En el grupo del centro, disputando con MÁXIMO.) Quita, quita. ¿Tú qué sabes? (Mostrando un dibujo.) Dice este bruto que el pájaro parece un viejo pensativo, y la mujer una langosta desmayada.

MARQUÉS.- ¡Oh! no . . . que está muy bien.

MÁXIMO.- A veces, cuando menos cuidado pone, tiene aciertos prodigiosos.

CUESTA.- La verdad es que este paisajito, con el mar lejano, y estos troncos . . .

ELECTRA.- Mi especialidad ¿no saben ustedes cuál es? Pues los troncos viejos, las paredes en ruinas. Pinto bien lo que desconozco: la tristeza, lo pasado, lo muerto. La alegría presente, la juventud, no me salen. (Con pena y asombro.) Soy una gran artista para todo lo que no se parece a mí.

DON URBANO.- ¡Qué gracia!

CUESTA.- ¡Deliciosa!

MARQUÉS.- ¡Cómo chispea! Me encanta oírla.

MÁXIMO.- Ya vendrá la reflexión, las responsabilidades . . .

ELECTRA.- (Burlándose de MÁXIMO.) ¡La razón, la seriedad! Miren el sabio . . . fúnebre. Yo tengo todo eso el día que me dé la gana . . . y más que tú.

MÁXIMO.- Ya lo veremos, ya lo veremos.

PANTOJA.- (Que ha prestado atención a lo que hablan en el grupo del centro.) No puedo ocultar a usted que me desagrada la familiaridad de la niña con el sobrino de Urbano.

EVARISTA.- Ya la corregiremos. Pero tenga usted presente que Máximo es un hombre honradísimo, juicioso . . .

PANTOJA.- Sí, sí; pero . . . Amiga mía, en los senderos de la confianza tropiezan y resbalan los más fuertes; me lo ha enseñado una triste experiencia.

ELECTRA.- (En el grupo del centro.) Yo sentaré la cabeza cuando me acomode. Nadie se pone serio hasta que Dios lo manda. Nadie dice ¡ay! ¡ay! hasta que le duele algo.

MARQUÉS.- Justo.

CUESTA.- Y ya, ya aprenderá cosas prácticas.

ELECTRA.- Cierto: cuando venga Dios y me diga: «niña ahí tienes el dolor, los deberes, la duda . . . ».

MÁXIMO.- Que lo dirá . . . y pronto.

EVARISTA.- Electra, hija mía, no tontees . . .

ELECTRA.- Tía, es Máximo que . . . (Pasa al lado de su tía.)

DON URBANO.- Máximo tiene razón . . .

CUESTA.- Seguramente. (CUESTA y DON URBANO pasan también al lado de EVARISTA, quedando solos a la izquierda MÁXIMO y el MARQUÉS.)

MÁXIMO.- ¿Puedo saber ya, señor Marqués, el resultado de su primera observación?

MARQUÉS.- Me ha encantado la chiquilla. Ya veo que no había exageración en lo que usted me contaba.

MÁXIMO.- ¿Y la penetración de usted no descubre bajo esos donaires algo que . . . ?

MARQUÉS.- Ya entiendo . . . belleza moral, sentido común . . . No hay tiempo aún para tales descubrimientos. Seguiré observando.

MÁXIMO.- Porque yo, la verdad, consagrado a la ciencia desde edad muy temprana, conozco poco el mundo, y los caracteres humanos son para mí una escritura que apenas puedo deletrear.

MARQUÉS.- Pues en esa escritura y en otras sé yo leer de corrido.

MÁXIMO.- ¿Viene usted a mi casa?

MARQUÉS.- Iremos un rato. Es posible que mi mujer me riña si sabe que visito el taller de Electrotecnia y la fábrica de luz. Pero Virginia no ha de ser muy severa. Puedo aventurarme . . . Después volveré aquí, y con el pretexto de admirar a la niña en el piano, hablaré con ella y continuaré mis estudios.

MÁXIMO.- (Alto.) ¿Viene usted, Marqués?

DON URBANO.- ¿Pero nos dejan?

MARQUÉS.- Me voy un rato con este amigo.

EVARISTA.- Marqués, estoy muy enojada por sus largas ausencias, pero muy enojada. No podrá usted desagraviarme más que almorzando hoy con nosotros. Es castigo, Don Juan; es penitencia.

MARQUÉS.- Yo la acepto en descargo de mi culpa, bendiciendo la mano que me castiga.

EVARISTA.- Tú, Máximo, vendrás también.

MÁXIMO.- Si me dejan libre a esa hora, vendré.

ELECTRA.- No vengas, hombre . . . por Dios, no vengas. (Con alegría que no puede disimular.) ¿Vas a venir? Di que sí. (Corrigiéndose.) No, no: di qué no.

MÁXIMO.- ¡Ah! No te libras de mí. Chiquilla loca, tú tendrás juicio.

ELECTRA.- Y tú lo perderás, sabio tonto, viejo . . . (Le sigue con la mirada hasta que sale. Salen MÁXIMO y el MARQUÉS por el jardín. JOSÉ entra por el foro.)

Escena VIII

ELECTRA, EVARISTA, DON URBANO, PANTOJA, CUESTA, JOSÉ.

JOSÉ.- (Anunciando.) La señora Superiora de San José de la Penitencia.

PANTOJA.- ¡Oh, mi buena Sor Bárbara de la Cruz . . . !

EVARISTA.- Que pase aquí. (Se levanta.) No: al salón. Vamos.

PANTOJA.- ¡Qué feliz oportunidad! Así me evita el ir al convento.

EVARISTA.- Hija, que estudies. (Señalándole la estancia próxima.)

CUESTA.- (Despidiéndose.) Yo me retiro. Volverá luego.

EVARISTA.- Adiós.

CUESTA.- (Aparte, por ELECTRA.) ¿La dejarán sola?

PANTOJA.- (Acudiendo a ELECTRA.) Cultivo usted, Electra, con discernimiento ese arte sublime. Consagre usted todo su talento al gran Bach . . . para que se vaya asimilando el estilo religioso. (Vanse todos menos ELECTRA.)

Escena IX

ELECTRA; al poco rato CUESTA.

ELECTRA.- (Entonando una salmodia de Iglesia, recoge los dibujos y los ordena.) Bach . . . para que me asimile . . . ¡qué gracia! el estilo religioso. (Canta.)

CUESTA.- (Entra por el foro recatándose.) ¡Sola . . . !

ELECTRA.- (Canta algunas notas litúrgicas. Ve avanzar a CUESTA.) ¿Pero no se había marchado usted, Don Leonardo?

CUESTA.- (Con timidez.) Sí; pero ha vuelto, hija mía. Tengo que hablar con usted.

ELECTRA.- (Un poquito asustada.) ¡Conmigo!

CUESTA.- El asunto es delicado, muy delicado (Con fatiga y dificultad de respiración.) Perdone usted . . . padezco del corazón . . . no puedo estar en pie. (ELECTRA le aproxima una silla. Se sienta.) Sí: tan delicado es el asunto que no sé por dónde empezar.

ELECTRA.- Por Dios, ¿qué es?

CUESTA.- (Animándose.) Electra, yo conocí a su madre de usted.

ELECTRA.- ¡Ah! Mi madre fue muy desgraciada.

CUESTA.- ¿Qué entiende usted por desgraciada?

ELECTRA.- Pues . . . que vivió entre personas malas que no la permitían ser tan buena como ella quería.

CUESTA.- ¡Oh! Sin saberlo ha dicho usted una gran verdad . . . ¿Recuerda usted a su madre? . . . ¿Piensa usted en ella?

ELECTRA.- Mi madre es para mí un recuerdo vago, dulcísimo; una imagen que nunca me abandona . . . Viva la guardo en mi corazón, que no es todavía más que una gran memoria, y en esta gran memoria la están buscando siempre mis ojos ansiosos de verla. ¡Pobre madre mía! (Se lleva el pañuelo a los ojos. CUESTA suspira.) Dígame, Don Leonardo: cuando trataba usted a mi madre ¿era yo muy chiquitita?

CUESTA.- Era usted una monada. Le hacíamos a usted cosquillas para verla reír; su risa me parecía el encanto, la alegría de la Naturaleza.

ELECTRA.- Vea Usted por qué he salido tan loca, tan traviesa y destornillada . . . y alguna vez me cogería usted en brazos.

CUESTA.- Muchísimas.

ELECTRA.- (Sonriendo sin acabar de secar sus lágrimas.) ¿Y no le tiraba yo de los bigotes?

CUESTA.- A veces con tanta fuerza, que me hacía usted daño.

ELECTRA.- Me pegaría usted en las manos.

CUESTA.- ¡Vaya!

ELECTRA.- ¿Pues sabe usted que crea que todavía me duelen . . . ?

CUESTA.- (Impaciente por entrar en materia.) Pero vamos al caso. Advierto a usted, Electra, que esto es reservadísimo. Queda entre los dos.

ELECTRA.- ¡Oh! me da usted miedo, Don Leonardo.

CUESTA.- No es para asustarse. Vea usted en mí un amigo, el mejor de los amigos; vea en este acto el interés más puro, el sentimiento más elevado . . .

ELECTRA.- (Confusa.) Sí, Sí: no dudo . . . pero . . .

CUESTA.- Vea usted por qué doy este paso . . . Aunque no soy muy viejo, no me siento con cuerda vital para mucho tiempo. Viudo hace veinte años, no tengo más familia que mi hija Pilar, ya casada, y ausente. Casi estoy solo en el mundo, con el pie en el estribo para marchará otro . . . y mi soledad ¡ay! parece como que quiere echarme, más pronto . . . (Con gran dificultad de expresión.) Pero antes de partir . . . (Pausa.) Electra, he pensado mucho en usted antes que la trajeran a Madrid, y al verla ¡Dios mío! he pensado, he sentido . . . qué sé yo . . . un dulce afecto, el más puro de los afectos, mezclado con alaridos de mi conciencia.

ELECTRA.- (Aturdida.) ¡La conciencia! ¡Qué cosa tan grave debe ser! La mía es como un niño que está todavía en la cuna.

CUESTA.- (Con tristeza.) La mía es vieja, memoriosa. Me repite, me señala sin cesar los errores graves de mi vida.

ELECTRA.- ¡Usted . . . errores graves usted tan bueno!

CUESTA.- Sí, sí: bueno, bueno . . . y pecador . . . En fin, dejemos los errores y vamos a sus consecuencias. Yo no quiero, no, que usted viva desamparada. Usted no posee bienes de fortuna. Es dudoso que la protección de Urbano y Evarista sea constante. ¿Cómo ha de consentir yo que se encuentra usted pobre y desvalida el día de mañana?

ELECTRA.- (Con penosa lucha entre su conocimiento y su inocencia.) No sé si lo entiendo . . . no sé si debo entenderlo.

CUESTA.- Lo más delicado será que lo entienda sin decírmelo, y que acepte mi protección ¡sin darme las gracias! Juntos van el deber mío y el derecho de usted. Gracias a mí, Electra, no se verá roto el hilo que une a cada criatura con las criaturas que fueron, y con las que aún viven . . . Y si hoy me determino a plantear esta cuestión, es porque . . . porque hace tiempo que me asedia el temor de las muertes repentinas. Mi padre y mi hermano murieron como heridos del rayo. La lección cardiaca, destructora de la familia, ya la tengo aquí: (Señalando al corazón.) es un triste reloj que me cuenta las horas, los días . . . No puedo aplazar esto. No, me sorprenda la muerte dejando a esta preciosa existencia sin amparo. No puedo, no debo esperar . . . Concluyo, hija mía, manifestando a usted que tenga por asegurado un bienestar modesto . . .

ELECTRA.- ¡Un bienestar modesto . . . yo . . . !

CUESTA.- Lo suficiente para vivir con independencia decorosa . . .

ELECTRA.- (Confusa.) ¿Y yo . . . qué méritos tengo para . . . ? Perdone usted . . . No acabo de convencerme . . . de . . .

CUESTA.- Ya vendrá, ya vendrá el convencimiento . . .

ELECTRA.- ¿Y por qué no habla usted de ese asunto a mis tíos . . .

CUESTA.- (Preocupado.) Porque . . . A su tiempo se les dirá. Por de pronto, sólo usted debe saber mi resolución.

ELECTRA.- Pero . . .

CUESTA.- (Con emoción, levantándose.) Y ahora, Electra, ¿querrá usted a este pobre enfermo, que tiene los días contados?

ELECTRA.- Sí . . . ¡Es tan fácil para mí querer! Pero no hable usted de morirse, Don Leonardo.

CUESTA.- Me consuela mucho saber que usted me llorará.

ELECTRA.- No me haca usted llorar desde ahora . . .

CUESTA.- (Apresurando su partida para vencer su emoción.) Adiós, hija mía.

ELECTRA.- Adiós . . . (Reteniéndole.) ¿Y qué nombre debo darle?

CUESTA.- El de amigo no más. Adiós. (Arrancándose a partir. Sale por el foro. ELECTRA le sigue con la mirada hasta que desaparece.)

Escena X

ELECTRA, el MARQUÉS.

ELECTRA.- (Meditabunda.) Dios mío, ¿qué debo pensar? Sus medias palabras dicen más que si fuesen enteras. ¡Madre del alma! (El MARQUÉS, que entra por el jardín, avanza despacio.) ¡Ah! . . . Señor Marqués.

MARQUÉS.- ¿Se asusta usted?

ELECTRA.- Nada de eso: me sorprendo no más. Si viene usted a oírme tocar, ha perdido el viaje. Hoy no estudio.

MARQUÉS.- Me alegro. Así podremos hablar . . . Apenas presentado a usted, entro de lleno en la admiración de sus gracias, y conocida una parte de su carácter, deseo conocer algo más . . . Usted extrañará quizás esta curiosidad mía y la creerá impertinente.

ELECTRA.- ¡Oh! No, señor. También yo soy curiosilla, señor Marqués, y me permito preguntarle: ¿es usted amigo de Máximo?

MARQUÉS.- Le quiero y admiro grandemente . . . Cosa rara, ¿verdad?

ELECTRA.- A mí me parece muy natural.

MARQUÉS.- Es usted muy niña, y quizás no pueda hacerse cargo de las causas de mi amistad con el *Mágico prodigioso* . . . A ver si me entiende.

ELECTRA.- Explíquemelo bien.

MARQUÉS.- La sociedad que frecuento, el círculo de mi propia familia y los hábitos de mi casa, producen en mí un efecto asfixiante. Casi sin darme cuenta de ello, por puro instinto de conservación me lanzo a veces en busca del aire respirable. Mis ojos se van tras de la ciencia, tras de la Naturaleza . . . y Máximo es eso.

ELECTRA.- El aire respirable, la vida, la . . . ¿Pues sabe usted, Marqués, que me parece que lo voy entendiendo?

MARQUÉS.- No es tonta la niña, no. También ha de saber usted que siento por ese hombre un interés inmenso.

ELECTRA.- Le quiere usted, le admira por sus grandes cualidades . . .

MARQUÉS.- Y le compadezco por su desgracia.

ELECTRA.- (Sorprendida.) ¡Desgraciado Máximo?

MARQUÉS.- ¿Qué mayor desgracia que la soledad en que vive? Su viudez prematura le ha sumergido en los estudios más hondos, y temo por su salud.

ELECTRA.- Sus hijos le consuelan, la acompañan. Hoy les ha visto usted. ¡Qué lindas criaturas! El mayor, que ahora cumple cinco años, es un prodigio de inteligencia. En el pequeñito, de dos años, veo yo toda la gracia del mundo. Yo les adoro; sueño con ellos, y me gustaría mucho ser su niñera.

MARQUÉS.- El pobre Máximo, aferrado a sus estudios, no puede atenderlos como debiera.

ELECTRA.- Claro: eso digo yo.

MARQUÉS.- Es de toda evidencia: Máximo necesita una mujer. Pero . . . aquí entran mis dificultades y mis dudas. Por más que miro y busco, no encuentro, no encuentro la mujer digna de compartir su vida con la del grande hombre.

ELECTRA.- No la encuentra usted. Es que no la hay, no la hay. Como que para Máximo debe buscarse una mujer de mucho juicio.

MARQUÉS.- Eso es: de mucho juicio.

ELECTRA.- Todo lo contrario de mí, que no tengo ninguno, ninguno, ninguno.

MARQUÉS.- No diría yo tanto.

ELECTRA.- Otra cosa: cuando usted me oye decirle tonterías y llamarle bruto, viejo, sabio tonto, no vaya a creer que lo digo en serio. Todo eso es broma señor Marqués.

MARQUÉS.- Sí, sí: ya lo he comprendido.

ELECTRA.- Bromas impertinentes quizás, porque Máximo es muy serio . . . ¿Cree usted, señor mío, que debo yo volverme muy grave?

MARQUÉS.- ¡Oh! no. Cada criatura es como Dios ha querido formarla. No hay que violentarse, señorita. No necesitamos ser graves para ser buenos.

ELECTRA.- Pues mire usted, Marqués yo que no sé nada, había pensado eso mismo. (Aparece PANTOJA por el foro.)

PANTOJA.- (Aparte en la puerta.) Este libertino incorregible . . . este veterano del vicio se atreva a poner su mirada venenosa en esta flor. (Avanza lentamente.)

MARQUÉS.- (Aparte.) ¡Vaya! Sé nos ha interpuesto la pantalla obscura, y ya no podemos seguir hablando.

ELECTRA.- El señor Marqués ha venido a oírme tocar; pero estoy muy torpe. Lo dejamos para otro día.

MARQUÉS.- Ya sabe usted que el gran Beethoven es mi pasión. Me habían dicho que Electra le interpreta bien, y esperaba oírle la *Sonata Práctica*, la *Clair de Lune* . . . pero nos hemos entretenido charlando, y pues ya no es ocasión . . .

PANTOJA.- (Con desabrimiento.) Sí: ha pasado la hora de estudio.

MARQUÉS.- (Recobrando su papel social.) Otro día será. Amigo mío, Virginia y yo tendremos mucho gusto en que usted nos honre con sus consejos para cuanto se refiera al Beaterio de Las Esclavas.

PANTOJA.- Sí, sí: esta tarde iré a ver a Virginia y hablaremos.

MARQUÉS.- En el Beaterio la tiene usted toda la tarde. Y pues estoy de más aquí . . . (En ademán de retirarse.)

ELECTRA.- No. Usted no estorba, señor Marqués.

MARQUÉS.- Me voy con la música . . . al taller de Máximo.

PANTOJA.- Sí, sí: allí se distraerá usted mucho.

MARQUÉS.- Hasta luego, mi reverendo amigo.

PANTOJA.- Dios le guarde. (Vase el MARQUÉS hacia el jardín.)

Escena XI

ELECTRA, PANTOJA.

PANTOJA.- (Vivamente.) ¿Qué decía? ¿Qué contaba ese corruptor de la inocencia?

ELECTRA.- Nada: historias, anécdotas para reír . . .

PANTOJA.- ¡Ay, historias! Desconfíe usted de las anécdotas jocosas y de los narradores amenos, que esconden entre jazmines el aguijón ponzoñoso . . . La noto a usted suspensa, turbada, como cuando se ha sentido el roce de un reptil entre los arbustos.

ELECTRA.- ¡Oh, no!

PANTOJA.- La inquietud que producen las conversaciones inconvenientes, se calmará con los conceptos míos, bienhechores, saludables.

ELECTRA.- Es usted poeta, señor de Pantoja, y me gusta oírle.

PANTOJA.- (Le señala una silla: se sientan los dos.) Hija mía, voy a dar a usted la explicación del cariño intenso que habrá notado en mí. ¿Lo ha notado?

ELECTRA.- Sí, señor.

PANTOJA.- Explicación que equivale a revelar un secreto.

ELECTRA.- (Muy asustada.) ¡Ay, Dios mío, ya estoy temblando! . . .

PANTOJA.- Calma, hija mía. Oiga usted primero lo que es para mí más doloroso. Electra, yo he sido muy malo.

ELECTRA.- ¡Pero si tiene usted opinión de santo!

PANTOJA.- Fui malo, digo, en una ocasión de mi vida (Suspirando fuerte.) Han pasado algunos años.

ELECTRA.- (Vivamente.) ¿Cuántos? ¿Puedo yo acordarme de cuando usted fue malo, Don Salvador?

PANTOJA.- No. Cuando yo me envilecí, cuando me encenagué en el pecado, no había usted nacido.

ELECTRA.- Pero nací . . .

PANTOJA.- (Después de una pausa.) Cierto . . .

ELECTRA.- Nací . . . Por Dios, señor de Pantoja, acabe usted pronto . . .

PANTOJA.- Su turbación me indica que debemos apartar los ojos de lo pasado. El presente es para usted muy satisfactorio.

ELECTRA.- ¿Por qué?

PANTOJA.- Porque en mí tendrá usted un amparo, un sostén para toda la vida. Inefable dicha es para mí cuidar de un ser tan noble y hermoso defender a usted de todo daño, guardarla, custodiarla, dirigirla, para que se conserve siempre incólume y pura; para que jamás la toque ni la sombra ni el aliento del mal. Es usted una niña que parece un ángel. No me conformo con que usted lo parezca: quiero que lo sea.

ELECTRA.- (Fríamente.) Un ángel que pertenece a usted . . . ¿Y en esto debo ver un acto de caridad extraordinaria, sublime?

PANTOJA.- No es caridad: es obligación. A mi deber de ampararte, corresponde en ti el derecho a ser amparada.

ELECTRA.- Esa confianza, esa autoridad . . .

PANTOJA.- Nace de mi cariño intensísimo, como la fuerza nace del calor. Y mi protección, obra es de mi conciencia.

ELECTRA.- (Se levanta con grande agitación. Alejándose de PANTOJA, exclama aparte:) ¡Dos, Señor, dos protecciones! Y ésta quiere oprimirme. ¡Horrible confusión! (Alto.) Señor de Pantoja, yo le respeto a usted, admiro sus virtudes. Pero su autoridad, sobre mí no la veo clara, y perdone mi atrevimiento. Obediencia, sumisión, no debo más que a mi tía.

PANTOJA.- Es lo mismo. Evarista me hace el honor de consultarme todos sus asuntos. Obedeciéndola, me obedeces a mí.

ELECTRA.- ¿Y mi tía quiere también que yo sea ángel de ella, de usted . . . ?

PANTOJA.- Ángel de todos, de Dios principalmente. Convéncete de que has caído en buenas manos, y déjate, hija de mi alma, déjate criar en la virtud, en la pureza.

ELECTRA.- (Con displicencia.) Bueno, señor: purifíquenme. ¿Pero soy yo mala?

PANTOJA.- Podrías llegar a serlo. Prevenirse contra la enfermedad es más cuerdo y más fácil que curarla después que invade el organismo.

ELECTRA.- ¡Ay de mí! (Elevando los ojos y quedando como en éxtasis, da un gran suspiro. Pausa.)

PANTOJA.- ¿Por qué suspiras así?

ELECTRA.- Deje usted que aligere mi corazón. Pesan horriblemente sobre él las conciencias ajenas.

Escena XII

ELECTRA, PANTOJA; EVARISTA por el foro.

EVARISTA.- Amigo Pantoja, la Madre Bárbara de la Cruz espera a usted para despedirse y recibir las distintas órdenes.

PANTOJA.- ¡Ah! no me acordaba . . . Voy al momento. (Aparte a EVARISTA.) Hemos hablado. Vigile usted. Temamos las malas influencias. (Antes de salir PANTOJA por el foro, entran el MARQUÉS y MÁXIMO por la derecha.)

Escena XIII

ELECTRA, EVARISTA, el MARQUÉS, MÁXIMO.

MARQUÉS.- He tardado un poquitín.

EVARISTA.- No por cierto. ¿Estuvo usted en el estudio de Máximo? (Se forman dos grupos: ELECTRA y MÁXIMO a la izquierda; EVARISTA y el MARQUÉS a la derecha.)

MARQUÉS.- Sí, se flora. Es un prodigio este hombre. (Sigue ponderando lo que ha visto en el laboratorio.)

ELECTRA.- (Suspirando.) Sí, Máximo: tengo que consultar contigo un caso grave.

MÁXIMO.- (Con vivo interés.) Dímelo pronto.

ELECTRA.- (Recelosa mirando al otro grupo.) Ahora no puede ser.

MÁXIMO.- ¿Cuándo?

ELECTRA.- No sé . . . no sé cuándo podré decírtelo . . . No es cosa que se dice en dos palabras.

MÁXIMO.- ¡Ah, pobre chiquilla! Lo que te anuncié . . . ¿Apuntan ya las seriedades de la vida, las amarguras, los deberes?

ELECTRA.- Quizás.

MÁXIMO.- (Mirándola fijamente con vivo interés.) Noto en tu rostro una nube de tristeza, de miedo . . . gran novedad en ti.

ELECTRA.- Quieren anularme, esclavizarme, reducirme a una cosa . . . angelical . . . No lo entiendo.

MÁXIMO.- (Con mucha viveza.) No consientas eso, por Dios . . . Electra, defiéndete.

ELECTRA.- ¿Qué me recomiendas para evitarlo?

MÁXIMO.- (Sin vacilar.) La independencia.

ELECTRA.- ¡La independencia!

MÁXIMO.- La emancipación . . . más claro, la insubordinación.

ELECTRA.- Quieres decir que podré hacer cuanto me dé la gana, jugar todo lo que se me antoje, entrar en tu casa como en país conquistado, enredar con tus hijos, y llevármelos al jardín o a donde quiera.

MÁXIMO.- Todo eso, y más.

ELECTRA.- ¡Mira lo que dices . . . !

MÁXIMO.- Sé lo que digo.

ELECTRA.- ¡Pero si me has recomendado todo lo contrario!

MÁXIMO.- (Mirándola fijamente.) En tu rostro, en tus ojos, veo cambiadas radicalmente las condiciones de tu vida. Tú temes, Electra.

ELECTRA.- Sí. (Medrosa.)

MÁXIMO.- Tú . . . (Dudando qué verbo emplear. Va a decir amar y no se atreve.) deseas algo con vehemencia.

ELECTRA.- (Con efusión.) Sí. (Pausa.) Y tú me dices que contra temores y anhelos . . . insubordinación.

MÁXIMO.- Sí: corran libres tus impulsos, para que cuanto hay en ti se manifieste, y sepamos lo que eres.

ELECTRA.- ¡Lo que soy! ¿Quieres conocer . . . ?

MÁXIMO.- Tu alma . . .

ELECTRA.- Mis secretos . . .

MÁXIMO.- Tu alma . . . En ella está todo.

ELECTRA.- (Advirtiendo que EVARISTA la vigila.) Chitón . . . Nos miran.

Escena XIV

Los mismos; DON URBANO, PANTOJA por el fondo.

DON URBANO.- ¿Almorzamos?

PANTOJA.- (A EVARISTA, sofocado, viendo a ELECTRA con MÁXIMO.) ¿Pero, hija, la deja usted sola con Mefistófeles?

EVARISTA.- No hay motivo para alarmarse, amigo Pantoja.

MARQUÉS.- (Riendo.) ¡Claro: si éste Mefistófeles es un santo! (Da el brazo a EVARISTA.)

PANTOJA.- (Imperiosamente, cogiendo de la mano a ELECTRA para llevársela.) ¡Conmigo! (ELECTRA, andando con PANTOJA, vuelve la cabeza para mirar a MÁXIMO.)

MÁXIMO.- (Mirando a ELECTRA y a PANTOJA.) ¿Contigo . . . ? Ya se verá con quién. (MÁXIMO y DON URBANO salen los últimos.)

FIN DEL ACTO PRIMERO

ACTO II

La misma decoración.

Escena I

EVARISTA, DON URBANO, sentados junto a
la mesa despachando asuntos; BALBINA, que sirve a
la señora una taza de caldo.

DON URBANO.- (Preparándose a escribir.) ¿Qué se le dice al señor Rector del Patrocinio?

EVARISTA.- (Con la taza en la mano.) Ya lo sabes. Que nos parece bien el plano y presupuesto, y que ya nos entenderemos con el contratista.

DON URBANO.- No olvides que la proposición de éste asciende a . . . (Leyendo un papel.) trescientas veintidós mil pesetas . . .

EVARISTA.- No importa. Aún nos sobra dinero para la continuación del Socorro. (A BALBINA que recoge la taza.) No olvides lo que te encargué.

BALBINA.- Ya vigilo, señora- Este juego de la señorita Electra creo yo que no trae malicia. Si recibe cartas y billetes de tanto pretendiente, es por pasar el rato y tener un motivo más de risa y fiesta.

EVARISTA.- ¿Pero cómo llegan a casa . . . ?

BALBINA.- ¿Las cartas de esos barbilindos? Aún no lo sé. Pero yo vigilo a Patros, que me parece . . .

EVARISTA.- Mucho cuidado y entérame de lo que descubras . . .

BALBINA.- Descuide la señora. (Vase BALBINA.)

Escena II

Los mismos; MÁXIMO por el foro, presuroso,
con planos y papeles.

MÁXIMO.- ¿Estorbo?

EVARISTA.- No, hijo. Pasa.

MÁXIMO.- Dos minutos, tía.

DON URBANO.- ¿Vienes de Fomento?

MÁXIMO.- Vengo de conferenciar con los bilbaínos. Hoy es para mí un día de prueba. Trabajo excesivo, diligencias mil, y por añadidura la casa revuelta.

EVARISTA.- ¿Pero qué te pasa? He ha dicho Balbina que ayer despediste a tus criadas.

MÁXIMO.- Me servían detestablemente, me robaban . . . -Estoy solo con el ordenanza y la niñera.

EVARISTA.- Vente a comer aquí.

MÁXIMO.- ¿Y dejo a los chicos allá? Si les traigo, molestan a usted y le trastornan toda la casa.

EVARISTA.- No me los traigas, no. Adoro a las criaturas; pero a mi lado no las quiero. Todo me lo revuelven, todo me lo ensucian. El alboroto de sus pataditas, de sus risotadas, de sus berrinches, me enloquece. Luego, el temor de que se caigan, de que les arañen los gatos, de que se mojen, de que se descalabren . . .

MÁXIMO.- Yo prefiero que rae mande usted una cocinera . . .

EVARISTA.- Irá la Enriquetilla. Encárgate, Urbano; no se nos olvide.

MÁXIMO.- Bueno. (Disponiéndose a partir.)

EVARISTA.- Aguarda. -Según parece, tus asuntos marchan. Ya sabes lo que te he dicho: si el *Mágico prodigioso* necesita más capital para la implantación de sus inventos, no tiene más que decírnoslo . . .

MÁXIMO.- Gracias, tía. Tengo a mi disposición cuanto dinero pueda necesitar . . .

DON URBANO.- Dentro de pocos años el *Mágico* será más rico que nosotros.

MÁXIMO.- Bien podría suceder.

DON URBANO.- Fruto de su inteligencia privilegiada . . .

MÁXIMO.- (Con modestia.) No: de la perseverancia, de la paciencia laboriosa . . .

EVARISTA.- ¡Ay, no me digas! Trabajas brutalmente.

MÁXIMO.- Lo necesario, tía, por obligación, y un poco más por goce, por recreo, por entusiasmo científico.

DON URBANO.- Es ya una monomanía, una borrachera.

EVARISTA.- (Con tonillo sermonario.) ¡Ah! No: es la ambición, la maldita ambición, que a tantos trastorna y acaba por perderlos.

MÁXIMO.- Ambición muy legítima, tía. Fíjese usted en que . . .

EVARISTA.- (Quitándole la palabra de la boca.) El afán, la sed de riquezas para saciar con ellas el apetito de goces. Gozar, gozar, gozar: esto queréis y por esto vivís en continuo ajetreo, comprometiendo en la lucha vuestra naturaleza: estómago, cerebro, corazón. No pensáis en la brevedad de la vida, ni en la vanidad de los afanes por cosa temporal; no acabáis de convenceros de que todo se queda aquí.

MÁXIMO.- (Con gracia, impaciente por retirarse.) Todo se queda aquí, menos yo, que me voy ahora mismo.

JOSÉ.- (Anunciando.) El señor Marqués de Ronda.

MÁXIMO.- (Deteniéndose.) ¡Ah! Pues no me voy sin saludarle.

EVARISTA.- (Recogiendo papeles.) No quiere Dios que trabajemos hoy.

DON URBANO.- Me figuro a qué viene.

EVARISTA.- Que pase, José, que, pase. (Vase JOSÉ.)

MÁXIMO.- Viene a invitar a ustedes para la inauguración del nuevo Beaterio de *La Esclavitud*, fundado por Virginia. Anoche me lo dijo.

EVARISTA.- ¡Ah! sí . . . ¿Pero es hoy? . . .

EVARISTA, DON URBANO, MÁXIMO, el MARQUÉS.

MARQUÉS.- (Saludando con rendimiento.) Ilustre amiga . . . Urbano. (A MÁXIMO.) ¿Qué tal? No creía yo encontrar aquí al *mágico*.

MÁXIMO.- El *mágico* saluda a usted y desaparece.

MARQUÉS.- Un momento, amigo. (Reteniéndole.)

EVARISTA.- Pues sí, Marqués: iremos.

MARQUÉS.- ¿Ya sabía usted . . . ?

DON URBANO.- ¿A qué hora?

MARQUÉS.- A las cinco en punto. (A MÁXIMO.) A usted no le invito: ya sé que no le sobra tiempo para la vida social.

MÁXIMO.- Así es, por desgracia. Hoy no le espero a usted.

MARQUÉS.- ¿Cómo, si estamos de fiesta religiosa y mundana? Pero esta noche no se libra usted de mí.

EVARISTA.- (Ligeramente burlona.) Ya hemos notado . . . celebrándolo, qué duda tiene . . . la frecuencia de las visitas del señor Marqués a los talleres del gran nigromántico.

MÁXIMO.- El Marqués me honra con su amistad y con el interés que pone en mis estudios.

MARQUÉS.- Me ha entrado súbitamente el delirio por la maquinaria y por los fenómenos eléctricos . . . Chifladuras de la ancianidad.

DON URBANO.- (A MÁXIMO.) Vaya, que sacarás un buen discípulo.

EVARISTA.- Sabe Dios . . . (Maliciosa.) sabe Dios quién será el maestro y quién el alumno.

MARQUÉS.- A propósito del maestro: siento que por estar presente, me vea yo privado de decir de él todas las perrerías que se me ocurren.

EVARISTA.- Vete, Máximo; vete para que podamos hablar mal de ti.

MÁXIMO.- Me voy. Despáchense a su gusto las malas lenguas. (Al MARQUÉS.) Abur. Siempre suyo. (A EVARISTA.) Adiós, tía.

EVARISTA.- Anda con Dios, hijo.

MARQUÉS.- (A MÁXIMO, que sale.) Hasta la noche . . . si me dejan. (A EVARISTA.) ¡Hombre extraordinario! De fama le admiré; tratándole ahora y apreciando por mí mismo sus altas prendas, sostengo que no ha nacido quien pueda igualársele.

EVARISTA.- En el terreno científico.

MARQUÉS.- Y en todos los terrenos, señora. ¿Pues quién hay más noble, más sincero . . . ?

EVARISTA.- Cierto que como inteligencia . . .

MARQUÉS.- (Con entusiasmo.) Y como corazón. ¿Pues quién hay más noble, más sincero . . . ?

EVARISTA.- (No queriendo empeñarse en una discusión delicada.) Bueno, Marqués, bueno . . . (Variando de conversación.) ¿Con que . . . decía usted . . . que hemos de estar allí a las cinco?

MARQUÉS.- En punto. Cuento con ustedes y con Electra.

EVARISTA.- No sé si debemos llevarla . . .

MARQUÉS.- ¡Oh! Traigo el encargo especialísimo de gestionar la presencia de la niña en esta solemnidad. Y ya me di tono de buen diplomático asegurando que lo conseguiría. Virginia desea conocerla.

DON URBANO.- En ese caso . . .

MARQUÉS.- ¿Me prometen ustedes no dejarme mal?

EVARISTA.- ¡Oh! Cuente usted con Electra.

MARQUÉS.- Tendremos mucha y buena gente. (Se levanta para retirarse.)

DON URBANO.- El acto resultará brillantísimo.

MARQUÉS.- Hasta luego, pues. Yo tengo que venir a casa de Otumba. Pasaré por aquí. (Óyese la voz de ELECTRA por la izquierda con alegre charla y risa. Detiénese el MARQUÉS al oírla.)

Escena IV

Los mismos; ELECTRA.

ELECTRA.- (Dentro.) Ja, ja . . . Rica, otro beso . . . Tonta tú, tonta yo; pero ya nos entendemos. (Aparece por la izquierda con una preciosa muñeca grande, a la que besa y zarandea. Detiénese como avergonzada.)

EVARISTA.- Niña, ¿qué haces?

MARQUÉS.- No la riña usted.

ELECTRA.- *Mademoiselle* Lulú y yo pasamos el rato contándonos cositas.

DON URBANO.- (Al MARQUÉS.) Hoy está desatinada.

ELECTRA.- (Alejándose, habla con la muñeca sigilosamente. Los demás la observan.) Lulú, ¡qué linda eres! Pero él es más bonito. ¡Qué feliz será mi amor contigo, y yo con los dos!

MARQUÉS.- ¿Sigue tan juguetona, tan . . . ?

EVARISTA.- Desde ayer notamos en ella una tristeza que nos pone en cuidado.

MARQUÉS.- Tristeza, idealidad . . .

EVARISTA.- Y ahora, ya ve usted . . .

MARQUÉS.- (Cariñoso, acudiendo a ella.) Electra, niña preciosa . . .

ELECTRA.- (Aproximando la cara de la muñeca a la del MARQUÉS.) Vaya, *Mademoiselle*, no seas huraña: da un besito a este caballero. (Antes que el MARQUÉS bese a la muñeca, ELECTRA le da un ligero coscorrón con la cabeza de la misma.)

MARQUÉS.- ¡Ah, pícara! Me pega. (Acariciando la barbilla de ELECTRA.) Lulú no se enfadará si digo que su amiguita me gusta más.

EVARISTA.- Una y otra tienen el mismo seso.

DON URBANO.- ¿Y qué hablas con tu muñeca?

ELECTRA.- A ratos le cuento mis penas.

EVARISTA.- ¡Penas tú!

ELECTRA.- Sí, penas yo. Y cuando nos ve usted tan calladitas, es que pensamos en cosas pasadas . . .

MARQUÉS.- Le interesa lo pasado. Señal de reflexión.

EVARISTA.- ¿Pero qué dices? ¿Cosas pasadas?

ELECTRA.- Del tiempo en que nací. (Con gravedad.) El día en que yo vine al mundo fue un día muy triste, ¿verdad? ¿Alguno de ustedes se acuerda?

EVARISTA.- ¡Pero cuánto disparatas, hija! ¿No te avergüenzas de que el señor Marqués te vea tan destornillada . . . ?

ELECTRA.- Crea usted que los tontos más tontos, y los niños más niños, no hacen sus simplezas sin alguna razón.

MARQUÉS.- Muy bien.

EVARISTA.- ¿Y qué razón hay de este juego impropio de tu edad?

ELECTRA.- (Mirando al MARQUÉS que sonríe a su lado.) Ahora no puedo decirlo.

MARQUÉS.- Eso es decir que me vaya.

EVARISTA.- ¡Niña!

MARQUÉS.- Si ya me iba. Siento que una ocupaciones no me dejen tiempo para recrearme en los donaires de esta criatura. Adiós, Electra; vuelvo a las cinco para llevármela a usted.

ELECTRA.- ¡A mí!

DON URBANO.- Sí, hija. vamos a la inauguración de Las Esclavas.

ELECTRA.- ¿Yo también?

EVARISTA.- Ya puedes irte arreglando.

ELECTRA.- (Asustada.) Habrá mucha gente. ¡Ay! la gente me causa miedo. Me gusta la soledad.

MARQUÉS.- ¡Si estaremos como en familia . . . ! Vaya, no me detengo más.

EVARISTA.- Hasta luego, Marqués.

MARQUÉS.- (A ELECTRA.) A las cinco, niña; y que aprendamos la puntualidad. (Se va por el fondo con DON URBANO.)

Escena V

EVARISTA, ELECTRA.

EVARISTA.- Explícame ahora por qué estás tan juguetona y tan dislocada.

ELECTRA.- Verá usted, tía: Yo tengo una duda, ¿cómo diré? un problema . . .

EVARISTA.- ¡Problemas tú!

ELECTRA.- Eso; en plural: problemas . . . porque no es uno solo.

EVARISTA.- ¡Anda con Dios!

ELECTRA.- Y trato de que me los resuelva, con una o con pocas palabras . . .

EVARISTA.- ¿Quién?

ELECTRA.- (Suspirando.) Una persona que no está en este mundo.

EVARISTA.- ¡Niña!

ELECTRA.- Mi madre . . . No se asombre usted . . . Mi madre puede decirme . . . y luego aconsejarme . . . ¿No cree usted que las personas que están en el otro mundo pueden venir al nuestro? (Gesto de incredulidad de EVARISTA.) ¿Usted no lo cree? Yo sí, creo porque lo he visto. Yo he visto a mi madre.

EVARISTA.- ¡Virgen del Carmen, cómo está esa pobre cabeza!

ELECTRA.- Cuando yo era una chiquilla de este tamaño . . .

EVARISTA.- ¿En las Ursulinas de Bayona?

ELECTRA.- Sí . . . mi madre se me aparecía.

EVARISTA.- En sueños, naturalmente.

ELECTRA.- No, no: estando yo tan despierta como estoy ahora (Deja la muñeca sobre una silla.)

EVARISTA.- Electra, mira lo que dices . . .

ELECTRA.- Cuando estaba yo muy triste, muy solita o enferma; cuando alguien me lastimaba dándome a entender mi desairada situación en el mundo, venía mi madre a consolarme. Primero la veía borrosa, desvanecida, confundiéndose con los objetos lejanos, con los próximos.

Avanzaba como una claridad . . . temblando . . . así . . . Luego no temblaba, tía . . . era una, forma quieta, quieta, una imagen triste; era mi madre: no podía yo dudarlo. Al principio la veía vestida de gran señora, elegantísima. Llegó un día en que la vi con el traje monjil. Su rostro entre las tocas blancas; su cuerpo, cubierto de las estameñas obscuras, tenían una majestad, una belleza que no puede imaginar quien no la vio . . .

EVARISTA.- ¡Pobre niña, no delires! . . .

ELECTRA.- Al llegar cerca de mí, alargaba sus brazos como si quisiera cogerme. Me hablaba con una voz muy dulce, lejana, escondida . . . no sé cómo explicarlo. Yo la preguntaba cosas, y ella me respondía . . . (Mayor incredulidad de EVARISTA.) ¿Pero usted no lo cree?

EVARISTA.- Sigue, hija, sigue.

ELECTRA.- En las Ursulinas tenía yo una muñeca preciosa a quien llamaba también Lulú; y mire usted qué misterio, tía, siempre que andaba yo por la huerta, al caer la tarde, solita, con mi muñeca en brazos, tan melancólica yo como ella, mirando mucho al cielo, era segura, infalible, la visión de mi madre . . . primero entre los árboles, como figura que formaban los grupitos de hojas; después . . . dibujándose con claridad y avanzando hacia mí por entre los troncos obscuros . . .

EVARISTA.- ¿Y ya mayorcita, cuando vivías en Hendaya . . . también . . . ?

ELECTRA.- Los primeros años nada más. Jugaba yo entonces con muñecas vivas: los pequeñuelos de mi prima Rosaura, niño y niña, que no se separaban de mí: me adoraban, y yo a ellos. De noche, en la soledad de mi alcoba, los niños dormiditos, aquí ellos . . . yo aquí. (Señala el sitio de las dos camas.) Por entre las dos camas pasaba mi madre, y llegándose a mí . . .

EVARISTA.- ¡Oh! no sigas, por Dios. Me da miedo . . . Pero esas visiones, hija, se concluyeron cuando fuiste entrando en edad . . .

ELECTRA.- Cuando dejé de tener a mi lado muñecas y niños. Por eso quiero yo volverme ahora chiquilla, y me empeño en retroceder a la edad de la inocencia, con la esperanza de que siendo lo que entonces era, vuelva mi madre a mí, y hablemos, y me responda a lo que deseo preguntarle . . . y me dé consejo . . .

EVARISTA.- ¿Y qué dudas tienes tú para . . . ?

ELECTRA.- (Mirando al suelo.) Dudas . . . cosas que una no sabe y quiere saber . . .

EVARISTA.- ¡Qué tontería! ¿Y qué asunto tan grave es ese sobre el cual necesitas consulta, consejo . . .

ELECTRA.- ¡Ah! una cosa . . . (Vacila: casi está a punto de decirlo.)

EVARISTA.- ¿Qué? dímelo.

ELECTRA.- Una cosa . . . (Con timidez infantil, manoseando la muñeca y sin atreverse a declarar su secreto.) Una cosa . . .

EVARISTA.- (Severa y afectuosa.) Ea, ya es intolerable tanta puerilidad. (Le quita la muñeca.) ¡Ay! Electra, niña boba y discreta, eres un prodigio de inteligencia y gracia, cuando no el modelo de la necedad; tu alma se la disputan ángeles y demonios. Hay que intervenir, hija; hay que mediar en esa lucha, dando muchos palos a los demonios, sin reparar en que puedan caer sobre ti y causarte algún dolor . . . (La besa.) Vaya, formalidad. Necesitas ocuparte en algo, distraer tu imaginación . . . No olvides que a las cinco . . . Vete arreglando ya . . .

ELECTRA.- Sí, tía.

EVARISTA.- Tiempo de sobra tienes: tres cuartos de hora.

ELECTRA.- No faltaré.

EVARISTA.- Y pocas bromas, Electra . . . ¡Cuidado! . . . (Vase por el foro; lleva la muñeca cogida de un brazo, colgando.)

Escena VI

ELECTRA, PATROS.

ELECTRA.- (Mirando a la muñeca.) ¡Pobre Lulú, cómo cuelga! (Imitando la postura de la muñeca, y tentándose el hombro dolorido.) ¡Y cómo duele, ay! (Siéntase meditabunda.) ¡Y aquél esperándome . . . ! ¡Qué triste fue la separación! Lloraba echándome los brazos . . . yo le prometí volver.

PATROS.- (Asomándose cautelosa por la izquierda.) Señorita, señorita . . .

ELECTRA.- Entra.

PATROS.- (Avanzando con precaución.) ¿Hay alguien?

ELECTRA.- Estamos solas.

PATROS.- No hay ocasión como ésta, señorita. Ahora o nunca.

ELECTRA.- ¿Vienes de allá?

PATROS.- De allá vengo . . . Muchos señores que dicen números . . . millones y *cuatrollones* . . . Adentro, nadie.

ELECTRA.- (Vacilando.) ¿Nos atrevemos?

PATROS.- Fuera miedo.

ELECTRA.- ¡Virgen del Carmen, protégeme! (Dirigiéndose a la salida que da al jardín. Detiénese ELECTRA asustada.) Espera. ¿No será mejor que salgamos por el otro lado? ¿Estará mi tía asomada a la ventana del comedor?

PATROS.- Podría ser. Demos la vuelta por aquí (Por la izquierda.)

ELECTRA.- Por aquí. ¡Ánimo, valor y miedo! (Salen corriendo por la izquierda.)

Escena VII

DON URBANO, JOSÉ, que entran por el foro a
punto que salen las muchachas.

DON URBANO.- ¿Quién sale por ahí?

JOSÉ.- Es Patros, señor

DON URBANO.- Con que . . . Cuéntame.

JOSÉ.- Ya son cinco los que hacen el oso a la señorita: cinco, vistos por mí. ¡Sabe Dios los que habrá por bajo cuerda!

DON URBANO.- ¿Y qué hacen? ¿Rondan la casa?

JOSÉ.- Dos por la mañana, dos por la tarde, y el más chiquitín de sol a sol.

DON URBANO.- ¿Has observado si hay comunicación entre la ventana del cuarto de Electra y la calle, por medio de cestilla o cuerda telefónica?

JOSÉ.- No he visto nada de eso. Pero yo que los señores, pondría a la señorita en las habitaciones de allá. (Por la izquierda.)

DON URBANO.- ¿Y alguno de esos mequetrefes suele colarse al jardín?

JOSÉ.- ¡No le daría yo mal estacazo'

DON URBANO.- Bien; continúa vigilando. (Entra CUESTA por el foro.)

Escena VIII

DON URBANO; CUESTA con papeles y cartas.

DON URBANO.- Leonardo, gracias a Dios.

CUESTA.- Ya te dije que no venaría por la mañana. (A JOSÉ dándole una carta.) Que certifiquen esto . . . Pronto. Luego llevaréis más cartas. (Vase JOSÉ.)

DON URBANO.- (Tomando un papel que le da CUESTA.) ¿Qué es esto?

CUESTA.- El resguardo de las cien mil y pico . . . Fírmame ahora un talón de sesenta y siete mil . . .

DON URBANO.- Ya: para el envío a Roma.

CUESTA.- ¿Y Evarista?

DON URBANO.- Vistiéndose.

CUESTA.- Vistiéndose, que vais a la inauguración de *La Esclavitud* que lleváis a Electra.

DON URBANO.- Por cierto que de esta niña no debemos esperar nada bueno. Cada día nos va manifestando nuevas extravagancias, nuevas ligerezas . . .

CUESTA.- (Con viveza.) Que no significan maldad.

DON URBANO.- Lo son como síntoma, fíjate, como síntoma. Por esto Evarista, que es la misma previsión, ha pensado en someterla a un régimen sanitario en *San José de la penitencia*.

CUESTA.- Permíteme, querido Urbano, que disienta de vuestras opiniones. Dirás tú que quién me mete a mí . . .

DON URBANO.- Al contrario . . . Como buen amigo de la casa, puedes darnos tu parecer, aconsejarnos . . .

CUESTA.- Eso de arrastrar a la vida claustral a las jovencitas que no han demostrado una vocación decidida, es muy grave . . . Y no debéis extrañar que alguien se oponga . . .

DON URBANO.- ¿Quién?

CUESTA.- ¡Qué sé yo! -Alguien. Hay en la vida de esa joven un factor desconocido . . . El mejor día . . . podrá suceder . . . no aseguro yo que suceda . . . el mejor día, cuando vosotros tiréis de la cuerda para encerrar a la niña contra, su voluntad, saldrá una voz diciendo: «Alto, señores de Yuste, alto . . . ».

DON URBANO.- Y nosotros responderemos: «Bueno, señor incógnito factor . . . Ahí la tiene usted. Nos libra de una tutela enojosa, molestísima».

CUESTA.- (Sintiendo gran fatiga, se sienta.) Esto es un decir, Urbano, un suponer . . .

DON URBANO.- ¿Te sientes mal? ¿Necesitas algo?

CUESTA.- No . . . Este maldito corazón no se lleva bien con la voluntad.

URBANO.- Descansa, hombre. ¿Por qué no te echas un rato? . . .

CUESTA.- ¿Pero tú sabes lo que tengo que hacer? (Sacando papeles.) Por de pronto, dos cartas urgentísimas, que han de salir hoy.

DON URBANO.- Escríbelas aquí. (Escogiendo un sitio en la mesa, y retirando libros y papeles.)

CUESTA.- Sí . . . Aquí me instalo.

DON URBANO.- Yo también estoy atareadísimo. Tengo mil menudencias . . .

CUESTA.- No te ocupes de mí. (Escribiendo.)

DON URBANO.- Perdona, Leonardo. Evarista no tardará en salir.

CUESTA.- (Sin mirarle.) Hasta luego. (Vase DON URBANO por el foro.)

Escena IX

CUESTA; ELECTRA, PATROS, que asoman por la puerta
de la izquierda, como reconociendo el terreno.

ELECTRA.- Cuidado, Patros . . . Por aquí es difícil que, podamos pasarlo.

PATROS.- (Reconociendo a CUESTA, a quien ven de espalda escribiendo.) ¡Don Leonardo!

ELECTRA.- Chist . . . Lo más seguro es dejarla en tu cuarto hasta la noche. ¡Vaya, que tener yo que ir a esa maldita inauguración!

CUESTA.- (Sintiendo las voces, se vuelve.) ¡Ah! Electra . . .

ELECTRA.- ¿Estorbamos, Don Leonardo? . . .

CUESTA.- No, hija mía- Me hará usted el favor de esperar un poquito . . . hasta que yo termine esta carta. Tengo que hablar con usted . . .

ELECTRA.- Aquí estaré, señor. (Aparte PATROS.) ¡Qué fastidio! (Alto.) No veníamos más que a buscar un papel y un lápiz para que Patros apuntara . . . (Coge de la mesa lápiz y papel. Aparte a PATROS.) ¡Cuídamele bien, por Dios! ¡Ay, qué monísimo está durmiendo! ¡El hociquito, y aquellas manos sucias, y aquellas uñitas tan negras, de andar escarbando la tierra . . . ! ¡Ay, me lo comería!

PATROS.- ¡Y el pelito rizado, y las patitas . . . !

ELECTRA.- (Con evasión de cariño.) Me vuelvo loca. Que le cuides, Patros; mira que . . .

PATROS.- Ahora le llevaré dos bollitos.

ELECTRA.- No, no: que eso ensucia el estómago ... Le llevarás una sopita ...

PATROS.- ¿Y cómo llevo eso?

ELECTRA.- Es verdad. ¡Ah! Pides para mí una taza de leche.

PATROS.- Eso. Y se la doy en cuanto despierte.

ELECTRA.- Aquí tienes el papel y el lápiz para que haga sus garabatitos ... Es lo que más le entretiene ... Luego, esta noche, aprovechando una ocasión, le traeremos a mi cuarto y dormirá conmigo.

CUESTA.- (Cerrando la carta.) Ya he concluido.

ELECTRA.- Perdone un momento, Don Leonardo. (Aparte a PATROS.) No te separes de él ... Mucho cuidado. Si Don Leonardo no me entretiene mucho, antes de vestirme iré a darle un besito.

CUESTA.- Patros.

PATROS.- Señor ...

CUESTA.- Que lleven esta carta al correo.

PATROS.- Ahora mismo. (Vase.)

Escena X

CUESTA, ELECTRA.

CUESTA.- (Cogiéndole las manos.) Mujercita juguetona, ven aquí. ¡Qué dicha tan grande verte!

ELECTRA.- ¿Me quiere usted mucho, Don Leonardo? ¡Si viera usted cuánto me gasta que me quieran!

CUESTA.- Lo que más importa, hija mía, es que tengamos formalidad ... que las personas timoratas no hallen nada que censurar ... Me han dicho ... creo yo que habrá exageración ... me han dicho que hormiguean los novios ...

ELECTRA.- ¡Ay, sí! ya casi no acierto a contarlos. Pero yo no quiero más que a uno.

CUESTA.- ¡A uno! ¿Y es ...?

ELECTRA.- ¡Oh! Mucho quiere usted saber.

CUESTA.- ¿Le conozco yo?

ELECTRA.- ¡Ya lo creo!

CUESTA.- ¿Ha hecho su declaración de una manera decorosa?

ELECTRA.- ¡Si no ha hecho declaración! . . . No me ha di ello nada . . . todavía.

CUESTA.- Tímido es el mocito. ¿Y a eso llama usted novio?

ELECTRA.- No debo darle tal nombre.

CUESTA.- ¿Y usted le ama, y sabe o sospecha que es correspondida?

ELECTRA.- Eso . . . la sospecho . . . No puedo asegurarlo.

CUESTA.- ¿Y no podrá decirme . . . a mí, que . . . ?

ELECTRA.- ¡Ay, no!

CUESTA.- Por Dios, tenga usted confianza conmigo.

ELECTRA.- Ahora no puedo. Tengo que vestirme.

CUESTA.- Bueno: ya hablaremos.

ELECTRA.- (Medrosa, mirando al foro.) ¿Vendrá mi tía?

CUESTA.- Vístase usted . . . y mañana . . .

ELECTRA.- Sí, mañana. Adiós. (Corre hacia la derecha. Movida de una repentina idea, da media vuelta.) Antes tengo que . . . (Aparte.) No puedo vencer la tentación. Quiero darle otro besito. (Vase corriendo por la izquierda. CUESTA la sigue con la vista. Suspira.)

Escena XI

CUESTA, DON URBANO, EVARISTA; después ELECTRA.

CUESTA.- (Recorriendo sus papeles.) ¡Qué felicidad la mía si pudiese quererla públicamente!

EVARISTA.- (Vestida para salir.) Perdone usted el plantón, Leonardo. Ya me ha dicho éste que preparamos una operación extensa.

DON URBANO.- (Dando a CUESTA un talón.) Toma.

EVARISTA.- No me asombrará de verle a usted entrar con otra carga de dinero . . . Dios lo manda, Dios lo recibe . . . (Asoma ELECTRA por la puerta de la izquierda. Al ver a su tía, vacila, no se atreve a pasar. Arráncase al fin, tratando de escabullirse. EVARISTA la ve y la detiene.) ¡Ah, pícara! ¿Pero no te has vestido? ¿Dónde estabas?

ELECTRA.- En el cuarto de la plancha. Fui a que Patros me planchara un peto . . .

EVARISTA.- ¡Y te estás con esa calma! (Observando que en uno de los bolsillos del delantal de ELECTRA asoma una carta.) ¿Qué tienes aquí? (La coge.)

ELECTRA.- Una carta.

CUESTA.- ¡Cosas de chicos!

EVARISTA.- No puede usted figurarse, amigo Cuesta, lo incomodada que me tiene esta niña con sus chiquilladas, que no son tan inocentes, no. (Da la carta a su marido.) Lee tú.

CUESTA.- Veamos.

DON URBANO.- (Lee.) «Señorita: Tengo para mí que en su rostro hechicero . . . »

EVARISTA.- (Burlándose.) ¡Qué bonito! (ELECTRA contiene difícilmente la risa.)

DON URBANO.- «Que en su rostro hechicero ha escrito el Supremo Artífice el problema del . . . del . . . ». (Sin entender la palabra siguiente.)

ELECTRA.- (Apuntando.) «Del cosmos».

DON URBANO.- Eso es: «del cosmos, simbolizando en su luminosa mirada, en su boca divina, el poderoso agente físico que . . . ».

EVARISTA.- (Arrebatando la carta.) ¡Qué indecorosas necedades!

DON URBANO.- (Descubriendo otra carta en el otro bolsillo.) Pues aquí hay otra. (La coge.)

CUESTA.- ¡A ver, a ver ésa?

EVARISTA.- Hija, tu cuerpo es un buzón

CUESTA.- (Leyendo.) «Despiadada Electra, ¿con qué palabras expresaré mi desesperación, mi locura, mi frenesí . . . ?»

EVARISTA.- Basta . . . Eso ya no es inocente. (Incomodada, registrándole los bolsillos.) Apostaría que hay más.

CUESTA.- Evarista, indulgencia.

ELECTRA.- Tía, no se enfade usted . . .

EVARISTA.- ¡Que no me enfade, ya te arreglaré, ya! Corre a vestirte.

DON URBANO.- (Mirando su reloj.) Casi es la hora.

ELECTRA.- En un instante estoy . . .

EVARISTA.- Anda, anda. (Gozosa de verse libre, corre ELECTRA a su habitación.)

Escena XII

CUESTA, DON URBANO, EVARISTA, PANTOJA.

EVARISTA.- (Con tristeza y desaliento.) Ya ve usted, Leonardo . . .

CUESTA.- La tranquilidad con que se ha dejado sorprender sus secretos revela que hay en todo, ello poca o ninguna malicia.

EVARISTA.- ¡Ay! no opino lo mismo, no, no . . .

PANTOJA.- (Por el foro algo sofocado.) Aquí están . . . y también Cuesta, para que no pueda uno hablar con libertad . . .

EVARISTA.- (Gozosa de verle.) Al fin parece usted . . . (Se forman dos grupos: a la izquierda CUESTA sentado, DON URBANO en pie; a la derecha, PANTOJA y EVARISTA sentados.)

PANTOJA.- Vengo a contar a usted cosas de la mayor gravedad.

EVARISTA.- (Asustada.) ¡Ay de mí! Sea lo que Dios quiera.

PANTOJA.- (Repitiendo la frase con reservas.) Sea lo que Dios quiera . . . sí . . . Pero queramos lo que quiere Dios, y apliquemos nuestra voluntad a producir el bien, cueste lo que cueste.

EVARISTA.- La energía de usted fortifica mi ánimo . . . Bueno . . . ¿y qué . . . ?

PANTOJA.- Hoy en casa de Requesens, han hablado de la chiquilla en los términos más desvergonzados. Contaban que acosada indecorosamente del enjambre de novios, se deleita recibiendo y mandando cartitas a todas horas del día.

EVARISTA.- Desgraciadamente, Salvador, las frivolidades de la niña son tales, que aun queriéndola tanto, no puedo salir a su defensa.

PANTOJA.- (Angustiado.) Pues oiga usted más, y entérese de que la malicia humana no tiene límites. Anoche el Marqués de Ronda, en la tertulia de su casa, delante de Virginia, su santa esposa, y de otras personas de grandísimo respeto, no cesaba de encomiar las gracias de Electra en términos harto mundanos, repugnantes.

EVARISTA.- Tengamos paciencia, amigo mío . . .

PANTOJA.- Paciencia . . . sí, paciencia; virtud que vale muy poco si no se avalora con la resolución. Determinémonos, amiga del alma, a poner a Electra donde no vea ejemplos de liviandad, ni oiga ninguna palabra con dejos maliciosos . . .

EVARISTA.- Donde respire el ambiente de la virtud austera . . .

PANTOJA.- Donde no la trastorne el zumbido de los venenosos pretendientes sin pudor . . . En la crítica edad de la formación del carácter, debemos preservarla del mayor peligro, señora, del inmenso peligro . . .

EVARISTA.- ¿Cuál es?

PANTOJA.- El hombre. No hay nada más malo que el hombre, el hombre . . . cuando no es bueno. Lo sé por mí mismo: he sido mi propio maestro. Mi desvarío, de que curé con la gracia de Dios, y después mi triste convalecencia, me enseñaron la medicina de las almas . . . Déjeme, déjeme usted . . . Yo salvaré a la niña . . . (Le interrumpe DON URBANO, que pasa al grupo de la derecha.)

DON URBANO.- (Dando interés a sus palabras.) ¿Saben lo que me dice Cuesta? Pues que entra la cáfila los novios hay un preferido. Electra misma se lo ha confesado.

EVARISTA.- ¿Y quién es? (Pasa de la derecha a la izquierda, quedando a la derecha PANTOJA y URBANO.)

DON URBANO.- (A PANTOJA.) Esto podría cambiar los términos el problema.

PANTOJA.- (Malhumorado.) ¿Pero esa preferencia qué significa? ¿Es un afecto puro, o una pasioncilla inmoderada, febril, de éstas que es el síntoma más grave de la locura del siglo? (Muy excitado, alzando el tono.) Porque hay que saberlo, Urbino, hay que saberlo.

DON URBANO.- Lo sabremos . . .

PANTOJA.- (Pasando junto a CUESTA.) Y usted, amigo Cuesta, ¿no la interrogó? . . .

EVARISTA.- (En el centro a DON URBANO.) Tú procura enterarte . . .

CUESTA.- (Algo molesto ya, contestando a PANTOJA.) Paréceme que despliegan ustedes un celo extremado y contraproducente.

PANTOJA.- (Con suavidad que no oculta su altanería.) El celo mío, queridísimo Leonardo, es lo que debe ser.

CUESTA.- (Un poco herido.) Yo, como amigo de la familia, creí . . .

PANTOJA.- (Llevándose a DON URBANO hacia la derecha.) Cuesta se mete demasiado en lo que no le importa.

CUESTA.- (A EVARISTA, sin cuidarse de que le oiga PANTOJA.) Nuestro buen Pantoja se introduce con demasiada libertad en el cercado ajeno.

EVARISTA.- (Sin saber qué explicación darle.) Es que . . . como amigo nuestro muy antiguo y leal . . .

CUESTA.- Yo también lo soy.

DON URBANO.- (Mirando al foro.) Ya está aquí el Marqués.

Escena XIII

Los mismos; el MARQUÉS.

MARQUÉS.- ¡Cuánto bueno por aquí!

PANTOJA.- (Aparte.) ¡Cuánto malo llega!

MARQUÉS.- (Después de saludar a EVARISTA.) ¿Y Electra?

EVARISTA.- En seguida saldrá.

MARQUÉS.- (Saludando a todos.) No nos sobra tiempo.

56

DON URBANO.- Es la hora. (PANTOJA, impaciente, espera a ELECTRA en la puerta del cuarto de ésta. CUESTA habla con DON URBANO.)

Escena XIV
Los mismos; ELECTRA.

PANTOJA.- Ya está aquí (Entra ELECTRA por la derecha, vestida con elegantísima sencillez y distinción.)

MARQUÉS.- (Gozoso encomiástico.) ¡Oh, qué elegante!

ELECTRA.- (Satisfecha, volviéndose para que la vean por todos lados.) Caballeros, ¿qué tal?

CUESTA.- ¡Divina!

MARQUÉS.- ¡Ideal!

EVARISTA.- Muy bien, hija . . .

PANTOJA.- (Displicente por los elogios que tributan a ELECTRA.) ¿Nos vamos? (Prepáranse a salir.)

Escena XV
Los mismos; BALBINA, que interrumpe bruscamente la escena, entrando por la izquierda presurosa y sofocada.

BALBINA.- (Alarma general.) ¿Qué?

TODOS.- (Menos ELECTRA.) ¿Qué?

BALBINA.- ¡Ay, lo que ha hecho la señorita!

ELECTRA.- (Aparte, dando una patadita.) Me han descubierto.

BALBINA.- ¡Jesús, Jesús . . . ! ¡Qué diabluras se le ocurren . . . ! (Riendo.) ¡Vaya que . . . ! En el nombre del Padre . . .

EVARISTA.- (Impaciente.) Acaba . . .

ELECTRA.- Confesaré si me dejan. Ha sido que . . .

BALBINA.- Fue a casa de Don Máximo, y le robó . . . porque ha sido como un robo . . . muy salado, eso sí.

DON URBANO.- ¿Pero qué . . . ?

BALBINA.- El niño chiquitín. (Miran todos a ELECTRA, que pronto se repone del susto, y adopta una actitud serena y grave.)

EVARISTA.- ¡Pero, hija . . . !

PANTOJA.- ¡Niña, niña!

BALBINA.- Estaba en su casa dormidito. Entraron de puntillas la señorita y esa loca de Patros . . . cargaron con él, y acá nos le han traído.

EVARISTA.- Es absurdo.

PANTOJA.- (Disimulando su irritación.) Además, poco decente.

ELECTRA.- (Con evasión.) Tía, ¡le quiero tanto . . . ! ¡y él a mí!

MARQUÉS.- (Entusiasmado.) ¡Qué chiquilla!

CUESTA.- Merece indulgencia.

EVARISTA.- Máximo estará furioso . . .

BALBINA.- José corrió a enterarse. Pronto sabremos . . .

DON URBANO.- ¿Y el crío, dónde está?

BALBINA.- En el cuarto de Patros le escondió la señorita con el propósito de llevárselo por la noche a su cuarto, y tenerlo allí consigo. (Risas de los caballeros, menos PANTOJA, que frunce el ceño.) Despertó el chiquillo hace poco, y Patros le dio un bizcocho para que se entretuviera . . . Yo que lo oigo . . . acudo allá, y me le veo . . . ¡Virgen . . . ! Quiero cogerle, él no se deja . . . tengo que darle azotes . . .

ELECTRA.- (Corriendo hacia la izquierda con instintivo impulso.) ¡Alma mía!

PANTOJA.- (Quiere detenerla.) No.

EVARISTA.- (La coge por un brazo.) Aguarda.

BALBINA.- (En la puerta de la izquierda.) Desde aquí se oyen sus chillidos.

ELECTRA.- ¡Pobrecito mío!

EVARISTA.- Que lo lleven a su casa.

ELECTRA.- Nadie lo toque . . . Es mío. (Forcejeando se desprende de EVARISTA y PANTOJA, que quieren sujetarla, y con veloz carrera se va por la izquierda.)

Escena XVI

Los mismos; JOSÉ.

PANTOJA.- (Airado, retirándose a la derecha.) ¡Qué falta de juicio, de dignidad!

JOSÉ.- (Presuroso, por el jardín.) Señora . . .

EVARISTA.- ¿Qué dice Máximo?

JOSÉ.- No sabia nada. Está con unos señores . . . Cuando se lo contó se echó a reír . . . Pues tan tranquilo . . . Dice que la señorita cuidará de la criatura.

DON URBANO.- ¡Vaya una calma!

EVARISTA.- (A JOSÉ.) Vas a llevarle a su casa. Así aprenderá esa tontuela . . .

MARQUÉS.- Voto por que se le deje disfrutar de un juguete tan lindo.

Escena XVII

Los mismos; ELECTRA, por la izquierda con el niño en brazos. El niño es de dos años, poco más o menos.

ELECTRA.- ¡Hijo de mi alma!

EVARISTA.- Niña, por Dios, déjale y vámonos.

DON URBANO.- (Dando prisa.) Que llegamos tarde . . .

CUESTA.- (Al MARQUÉS.) Es un rasgo de maternidad. Yo lo aplaudo.

MARQUÉS.- Y yo lo tengo por divino.

EVARISTA.- (Queriendo quitarle el niño.) Vamos, mujer.

ELECTRA.- (Con paso muy ligero se aparta de los que quieren quitarle el chiquillo. Éste se agarra al cuello de ELECTRA.) No: ahora no puedo dejarlo, no, no.

EVARISTA.- Cógelo, Balbina.

ELECTRA.- No . . . que no. (Pasa de un lado a otro, buscando refugio.)

DON URBANO.- Dámele a mí.

ELECTRA.- No.

PANTOJA.- (Imperioso, a JOSÉ.) Usted, recójale.

ELECTRA.- Que no . . . Es mío.

EVARISTA.- ¡Pero, hija, que tenemos que irnos . . . !

ELECTRA.- Váyanse. (Le molesta el sombrero, que tropieza en la frente del niño, al besarle; con rápido movimiento se lo quita y lo arroja lejos. Sigue paseando al nido, huyendo de los que quieren quitárselo.)

EVARISTA.- Basta ya. ¿Vienes o no?

ELECTRA.- (Sin hacer caso, hablando con el pequeñuelo, que le echa los brazos al cuello y la besa.) Amor mío, duérmete. No temas, hijo . . . No te suelto.

EVARISTA.- ¿Pero vamos o no?

ELECTRA.- Yo no voy . . . ¿Tienes hambre, sol mío? ¿tienes sed? Ved cómo a mí se agarra el pobrecito pidiéndome que no lo abandone. ¡Egoísta! ¿No sabéis que no tiene madre?

PANTOJA.- Pero alguien tendrá que le cuide . . .

EVARISTA.- (Imperiosa, a los criados.) Ea, basta. Llevadle pronto a su casa.

ELECTRA.- (Con resolución, sin dejarse quitar el chiquillo.) ¡A casa, a casa! (Con paso decidido y sin mirar a nadie, corre hacia el jardín, y sale. Todos la miran suspensos, sin atreverse a dar un paso hacia ella.)

PANTOJA.- ¡Qué escándalo!

EVARISTA.- ¡Qué falta de sentido!

MARQUÉS.- (Aparte.) Sentido le sobra. Ha encontrado sa camino.

FIN DEL ACTO SEGUNDO

ACTO III

Laboratorio de MÁXIMO. Al fondo, ocupando gran parte del muro, rompimiento con un mamparo de madera en la parte inferior, de cristales en la superior, el cual separa la escena de un local grande en que hay aparatos para producir energía eléctrica. La puerta practicable en el zócalo de este mamparo comunica con la calle.

A la derecha, primer término, un pasadizo que comunica con el jardín de García Yuste. En último término, una puerta que comunica con las habitaciones privadas de MÁXIMO y con la cocina. Entre la puerta y pasadizo un estante de libros.

A la izquierda, puerta que conduce a la estancia donde trabajan los ayudantes. Junto a dicha puerta, un estante con aparatos de física y objetos de uso científico.

En el fondo, a los lados del rompimiento y en el zócalo de madera, estanterías con frascos de substancias diversas, y libros. En el ángulo de la derecha un aparador pequeño.

A la izquierda de la escena, la mesa de laboratorio con los objetos que en el diálogo se indican. Formando ángulo con ella, la balanza de precisión en un soporte de fábrica.

En el centro, una mesa pequeña para comer. Cuatrosillas.

Escena I

MÁXIMO, trabajando en un cálculo, con gran atención
en su tarea; ELECTRA en pie ordenando los múltiples objetos
que hay sobre la mesa: libros, cápsulas, tubos de ensayo, etc.
Viste con sencillez casera y lleva delantal blanco.

MÁXIMO.- Para mí, Electra, la doble historia que me has contado, esa
supuesta potestad de dos caballeros, es un hecho que carece de valor
positivo. (Sin levantar la vista del papel.)

ELECTRA.- (Suspirando.) Dios te oiga.

MÁXIMO.- Todo se reduce a dos paternidades platónicas sin ningún
efecto legal . . . hasta ahora. Lo peor del caso es la autoridad que quiera
tomarse el señor de Pantoja . . .

ELECTRA.- Autoridad que me abruma, que no me deja respirar. Yo te
suplico que no habiendo de ese asunto. Se me amarga la alegría que
siento en esta casa.

MÁXIMO.- ¿De veras?

ELECTRA.- Sí. Y hay más: me pongo en ese estado singularísimo de mi
cabeza y de mis nervios, y que . . . Ya te conté que en ciertas ocasiones
de mi vida se apodera de mí un deseo intenso de ver la imagen de mi
pobre madre como la veía en mi niñez . . . Pues en cuanto arrecia la
tiranía de Pantoja, ese anhelo me llena toda el alma, y con él siento la
turbación nerviosa y mental que me anuncia . . .

MÁXIMO.- ¿La visión de tu madre? Chiquilla, eso no es propio de un
espíritu fuerte. Aprende a dominar tu imaginación . . . Ea, a trabajar.
El ocio es el primer perturbador de nuestra mente.

ELECTRA.- (Muy animada.) Sigo lo que me habías encargado. (Coge
unos frascos de substancias minerales, y los lleva a uno de los estantes.)
Esto a su sitio . . . Así no pienso en el furor de mi tía cuando sepa . . .

MÁXIMO.- (Atento a su trabajo.) ¡Contenta se pondrá! Como si no
fuera bastante la locura de ayer, cuando te llevaste al chiquillo, y al
devolvérmelo te estuviste aquí más de lo regular, hoy, para enmendarla,

te has venido a mi casa, y aquí te estás tan fresca. Da gracias a Dios por la ausencia de nuestros tíos. Invitados por los de Requesens al reparto de premios y al almuerzo en Santa Clara, ignoran el saltito que ha dado la muñeca de su casa a la mía.

ELECTRA.- Tú me aconsejaste que me insubordinara.

MÁXIMO.- Sí tal: yo he sido el instigador de tu delito, y no me pesa.

ELECTRA.- Mi conciencia me dice que en esto no hay nada malo.

MÁXIMO.- Estás en la casa y en la compañía de un hombre de bien.

ELECTRA.- (Siempre en su trabajo, hablando sin abandonar la ocupación.) Cierto. Y digo más: estando tú abrumado de trabajo, solo, sin servidumbre, y no teniendo yo nada que hacer, es muy natural que . . .

MÁXIMO.- Que vengas a cuidar de mí y de mis hijos . . . Si eso no es lógica, digamos que la lógica ha desaparecido del mundo.

ELECTRA.- ¡Pobrecitos niños! Todo el mundo sabe que les adoro: son mi pasión, mi debilidad . . . (MÁXIMO, abstraído en una operación, no se entera de lo que ella dice.) Y hasta me parece . . . (Se acerca a la flema llevando unos libros que estaban fuera de su sitio.)

MÁXIMO.- (Saliendo de su abstracción.) ¿Qué?

ELECTRA.- Que su madre no les quería más que yo.

MÁXIMO.- (Satisfecho del resultado de un cálculo, lee en voz alta una cifra.) Cero, trescientos diez y ocho . . . Hazme el favor de alcanzarme las *Tablas de resistencias* . . . aquel libro rojo . . .

ELECTRA.- (Corriendo al estante de la derecha.) ¿Es esto?

MÁXIMO.- Más arriba.

ELECTRA.- Ya, ya . . . ¡qué tonta! (Cogiendo el libro, se le lleva.)

MÁXIMO.- Es maravilloso que en tan poco tiempo conozcas mis libros y el lugar que ocupan.

ELECTRA.- No dirás que no lo he puesto muy arregladito.

MÁXIMO.- ¡Gracias a Dios que veo en mi estudio la limpieza y el orden!

ELECTRA.- (Muy satisfecha.) ¿Verdad, Máximo, que no soy absolutamente, absolutamente inútil?

MÁXIMO.- (Mirándola fijamente.) Nada existe en la creación que no sirva para algo. ¿Quién te dice a ti que no te crió Dios para grandes fines? ¿Quién te dice que no eres tú . . . ?

ELECTRA.- (Ansiosa.) ¿Qué?

MÁXIMO.- ¿Un alma grande, hermosa, nobilísima, que aún está medio ahogada . . . entre el serrín y la estopa de una muñeca?

ELECTRA.- (Muy gozosa.) ¡Ay, Dios mío, si yo fuera eso . . . ! (MÁXIMO se levanta, y en el estante de la izquierda coge unas barras de metal y las examina.) No me lo digas, que me vuelvo loca de alegría . . . ¿Puedo cantar ahora?

MÁXIMO.- Sí, chiquilla, sí. (Tarareando, ELECTRA repite el andante de una sonata.) La buena música es como espuela de las ideas perezosas que no afluyen fácilmente; es también como el gancho que saca las que están muy agarradas al fondo del magín . . . Canta, hija, canta. (Continúa atento a su ocupación.)

ELECTRA.- (En el estante del foro.) Sigo arreglando esto. Los metaloides van a este lado. Bien los conozco por el color de las etiquetas . . . ¡Cómo me entretiene este trabajito! Aquí me estaría todo el santo día . . .

MÁXIMO.- (Jovial.) ¡Eh, compañera!

ELECTRA.- (Corriendo a su lado.) ¿Qué manda el *Mágico prodigioso*?

MÁXIMO.- No mando todavía: suplico. (Coge un frasco que contiene un metal en limaduras o virutas.) Pues la juguetona Electra quiere trabajar a mi lado, me hará el favor de pesarme treinta gramos de este metal.

ELECTRA.- ¡Oh, sí . . . !

MÁXIMO.- Ayer aprendiste a pesar en la balanza de precisión.

ELECTRA.- (Gozosa, preparándose.) Sí, sí . . . dame, déjame. (Al verter el metal en la cápsula, admira su belleza.) ¡Qué bonito! ¿Qué es esto?

MÁXIMO.- Aluminio. Se parece a ti. Pesa poco . . .

ELECTRA.- ¿Que peso poco?

MÁXIMO.- Pero es muy tenaz. (Mirándole al rostro.) ¿Eres tú muy tenaz?

ELECTRA.- En algunas cosas, que me reservo, soy tenaz hasta la barbarie, y creo que, llegado el caso, lo sería hasta el martirio. (Sigue pesando sin interrumpir la operación.)

MÁXIMO.- ¿Qué cosas son ésas?

ELECTRA.- A ti no te importan.

MÁXIMO.- (Atendiendo al trabajo.) Mejor . . . En seguidita me pesas setenta gramos de cobre. (Presentándole otro frasco.)

ELECTRA.- El cobre serás tú . . . No, no, que es muy feo.

MÁXIMO.- Pero muy útil.

ELECTRA.- No, no: compárate con el oro, que es el que vale más.

MÁXIMO.- Vaya, vaya, no juguemos. Me contagias, Electra; me desmoralizas . . .

ELECTRA.- Déjame que me recree con las cualidades de este metal bonito, que es mi semejante. ¡Soy tenaz . . . no me rompo . . . ! Pues bien puedes decírselo a Evarista y a Urbano, que en el sermón que me echaron hoy dijéronme como unas cuarenta veces que soy . . . frágil . . . ¡Frágil, chico!

MÁXIMO.- No saben lo que dicen . . .

ELECTRA.- Claro: ¡qué saben ellos . . . !

MÁXIMO.- Cuidado, Electra: con la conversación no te me equivoques en el peso.

ELECTRA.- ¡Equivocarme yo! ¡Qué tonto! Tengo yo mucho tino, más de lo que tú crees.

MÁXIMO.- Ya, ya lo voy viendo. (Dirígese a uno de los estantes en busca de un crisol.) Pues tu tía se enojará de veras, y nos costará mucho trabajo convencerla de tu inocencia.

ELECTRA.- Dios, que ve los corazones, sabe que en esto, no hay ningún mal. ¿Por qué no han de permitirme que esté aquí todo el día, cuidándote, ayudándote . . . ?

MÁXIMO.- (Volviendo con el crisol que ha elegido.) Porque eres una señorita, y las señoritas no pueden permanecer solas en la casa de un hombre, por muy decente y honrado que éste sea.

ELECTRA.- ¡Pues estamos divertidas, como hay Dios, las pobres señoritas! (Terminado el peso, presenta las dos porciones de metal en cápsulas de porcelana.) Ea, ya está.

MÁXIMO.- (Coge las cápsulas.) ¡Y qué bien! ¡Qué primor, qué limpieza de manos . . . ! ¡Qué pulso, chiquilla, y qué serenidad en la atención para no embarullar el trabajo! Estás atinadísima.

ELECTRA.- Y sobre todo, contenta. Cuando hay alegría todo se hace bien.

MÁXIMO.- Verdad, clarísima verdad. (Vierte los dos cuerpos en el crisol.)

ELECTRA.- ¿Eso es un crisol?

MÁXIMO.- Sí, para fundir estos dos metales.

ELECTRA.- Nos fundimos tú y yo . . . Nos pelearemos en medio del fuego, y . . . (Tararea la sonata.)

MÁXIMO.- Hazme el favor de llamar a Mariano.

ELECTRA.- (Corriendo a la puerta de la izquierda.) ¡Mariano!
Que venga también Gil.

ELECTRA.- Gil . . . pronto . . . Que os llama el maestro. (Dándoles prisa.) Vamos . . .

Escena II
ELECTRA, MÁXIMO; MARIANO, GIL:
el primero vestido de operario, con blusa; el segundo con
traje usual, manguitos y la pluma en la oreja.

GIL.- (Mostrándole un cálculo.) Éste es el valor obtenido.

MÁXIMO.- (Lee rápidamente la cifra.) 0, 158, 073 . . . Está equivocado. (Seguro de lo que dice y con cierta severidad.) No es posible que para un diámetro de cable menor de cuatro milímetros obtengamos un circuito mayor, según tu cálculo. La verdadera distancia debe ser inferior a doscientos kilómetros.

GIL.- Pues no sé . . . Señor, Yo . . . (Confuso.)

MÁXIMO.- Está mal. Sin duda te has distraído.

ELECTRA.- No ponéis la atención debida . . . una atención serena . . .

MÁXIMO.- Es que mientras hacéis los cálculos, estás pensando en las musarañas . . .

ELECTRA.- (Riñéndole.) Y hablando de toros, de teatros, de mil tonterías. Así sale ello.

GIL.- Rectificaré las operaciones.

MÁXIMO.- Mucho tino, Gil.

ELECTRA.- Y sobre todo mucha paciencia, aplicando los cinco sentidos . . . De otro modo, no adelantamos nada.

GIL.- Voy . . .

ELECTRA.- Y pronto . . . No descuidarse . . . ¡Vaya! (Vase GIL.)

MÁXIMO.- (A MARIANO, entregándole los metales unidos.) Aquí tienes.

MARIANO.- Para fundir . . .

MÁXIMO.- ¿Habéis preparado el horno?

MARIANO.- Sí, señor.

MÁXIMO.- Ponlo inmediatamente, y en cuanto esté en punto de fusión, mc avisas. Con esta aleación haremos un nuevo ensayo de conductibilidad . . . Espero llegar a doscientos kilómetros con pérdida escasísima.

MARIANO.- ¿Haremos el ensayo esta tarde?

MÁXIMO.- (Atormentado de una idea fija.) Sí . . . No abandono este problema. (A ELECTRA.) Es mi idea fija, que no me deja vivir.

ELECTRA.- Idea fija tengo yo también, y por ella vivo. ¡Adelante con ella!

MÁXIMO.- (A ELECTRA.) Adelante (A MARIANO.) Adelante siempre.

MARIANO.- ¿Manda usted otra cosa?

MÁXIMO.- Que actives la fusión.

ELECTRA.- Que active usted la fusión, Mariano . . . que queden los metales bien juntitos.

MARIANO.- Los dos en uno, señorita. (Vase MARIANO llevándose el metal.)

ELECTRA.- Dos en uno.

MÁXIMO.- (Como preparándole otra ocupación.) Ahora, mi graciosa discípula . . .

ELECTRA.- Perdone usted, señor *mágico*. Tengo que ver si han despertado los niños.

MÁXIMO.- Es verdad. ¿Cuánto hace que comieron?

ELECTRA.- Tres cuartos de hora. Deben dormir media hora más. ¿Está bien dispuesto así?

MÁXIMO.- Sí, hija mía. Todo lo que tú determinas, está muy bien.

ELECTRA.- ¡Tú mira lo que dices . . . !

MÁXIMO.- Sé lo que digo.

ELECTRA.- Que está bien todo lo que yo determino.

MÁXIMO.- (Mirándola cariñoso.) Todo, todo . . .

ELECTRA.- Que conste . . . Ea, voy y vuelvo volando. (Con suma ligereza, cantando, se va por la puerta de la derecha, hacia el interior de la casa. A punto que ella sale entra el OPERARIO por el fondo.)

Escena III

MÁXIMO, el OPERARIO.

MÁXIMO.- ¿Qué hay?

OPERARIO.- Señor, hoy ha vuelto ese caballero . . . el señor marqués de Ronda.

MÁXIMO.- ¿Y cómo no ha pasado?

OPERARIO.- Me preguntó si podría ver a usted . . . Respondile que tenía visita . . . Y él, así como si fuera de casa, sin picardía, dijo: «Ya sé . . . la señorita Electra. No me parece bien pasar ahora . . . ». Y se fue.

MÁXIMO.- (Vivamente.) Lo siento. ¿Por qué no le anunciaste? ¡Pero qué tonto!

OPERARIO.- Dijo que volvería.

MÁXIMO.- Pues si vuelve, aunque esté aquí la señorita Electra, y mejor aún si está, le dejas paso franco.

OPERARIO.- Bien, señor. (Se va por el fondo.)

Escena IV
MÁXIMO, ELECTRA.

ELECTRA.- (Volviendo de lo interior.) Dormiditos están como unos ángeles, Allá les dejo media hora más reponiendo en el sueño sus cuerpecitos fatigados.

MÁXIMO.- Hija, debemos mirar por nuestros cuerpecitos . . . o nuestros corpachones. ¿Comemos?

ELECTRA.- Cuando quieras. Todo lo tengo pronto. (Dirígese al aparador donde tiene la vajilla, cubiertos, mantel y servilletas, frutero.)

MÁXIMO.- Eso me gusta. Todo a punto. Así se llega siempre a donde se quiere ir.

ELECTRA.- (Extiende el mantel.) De eso trato . . . Pero con todo mi tino no llegaré, ¡ay!

MÁXIMO.- Déjame que te ayude a poner la mesa. (ELECTRA le va dando platos y cubiertos, el vino, el pan.) Sí llegarás . . .

ELECTRA.- ¿Lo crees tú?

MÁXIMO.- Tan cierto como . . . como que tengo un hambre de cincuenta caballos.

ELECTRA.- Me alegro. Ahora falta que te guste la comida que te han hecho estas pobres manos.

MÁXIMO.- Traéla y veremos.

ELECTRA.- Al instante. (Corre al interior de la casa.)

Escena V
MÁXIMO, GIL.

MÁXIMO.- ¡Singular caso! Cada palabra, cada gesto, cada acción de esta preciosa mujercita; en la libertad de que goza, son otros tantos resplandores que arroja su alma inquieta, noblemente ambiciosa, ávida de mostrarse en los afectos grandes y en las virtudes superiores. (Con ardor.) ¡Bendita sea ella que trae la alegría, la luz, a este escondrijo de la ciencia, triste, obscuro, y con sus gracias hace de esta aridez un paraíso! ¡Bendita ella que ha venido a sacar de su abstracción a este pobre Fausto, envejecido a los treinta y cinco años, y a decirle: «no se vive sólo de verdades ...». (Le interrumpe GIL que ha entrado poco antes; se acerca sin ser visto.)

GIL.- (Satisfecho mostrando el cálculo.) Ya está. Creo haber obtenido la cifra exacta.

MÁXIMO.- (Coge el papel y lo mira vagamente sin fijarse.) ¡La exactitud! ... ¿Pero crees tú que se vive sólo de verdades? ... Saturada de ellas, el alma apetece el ensueño, corre hacia él sin saber si va de lo cierto a lo mentiroso, o del error a la realidad. (Lee maquinalmente sin hacerse cargo.) 0, 318, 73 ... Mirándolo bien, Gil, nuestras equivocaciones en el cálculo son disculpables.

GIL.- Sí, señor ... se distrae uno fácilmente pensando en ...

MÁXIMO.- En cosas vagas, indeterminadas, risueñas, y los números se escapan, se van por los aires ...

GIL.- Y cualquiera los coge. Distraído yo, confundí la cifra de la potencial con la de la resistencia ... Pero ya rectifiqué ... Dígame si está bien ...

MÁXIMO.- (Lee.) 0, 318, 73 ... (Con repentina transición a un gozo expansivo.) Y si no lo estuviera, Gil; si por refrescar tu mente con ideas dulces, con imágenes sonrosadas, poéticas, te hubieras equivocado, ¿qué importaba? Nuestra maestra, nuestra tirana, la exactitud, nos lo perdonaría.

GIL.- ¡Ah! señor, esa no perdona. Es muy severa. Nos agobia, nos esclaviza, no nos deja respirar.

MÁXIMO.- Hoy no: hoy es indulgente. La maestra, de ordinario tan adusta, hoy nos sonríe con rostro placentero. ¿Ves esa, cifra?

GIL.- (Diciéndola de memoria muy satisfecho.) 0, 318, 73.

MÁXIMO.- Pues di que los primeros poetas del mundo, Homero y Virgilio, Dante, Lope, Calderón, no escribieron jamás una *estrofa* tan inspirada y poética como lo es esa para mí, esos pobres números . . . Verdad que la armonía, el encanto poético no están en ellos: están en . . . Vete . . . Puedes irte a comer . . . Déjame, déjanos. (Le empuja para que se vaya.) No me conozco: yo también confundo . . . Lucido estoy con esta inquietud, con esta pérdida de mi serenidad . . . Es ella la que . . . (Desde el punto conveniente de la escena mira al interior.) Allí está la imaginación, allí el ideal, allí la divina muñeca, entre pucheros . . . (Vuelve al proscenio.) ¡Oh! Electra, tú, juguetona y risueña, ¡cuán llena de vida y de esperanzas; y la ciencia qué yerta, qué solitaria, qué vacía!

Escena VI
MÁXIMO, ELECTRA.

ELECTRA.- (Entrando con una cazuela humeante.) Aquí está lo bueno.

MÁXIMO.- ¿A ver, a ver qué has hecho? ¡Arroz con menudillos! La traza es superior. (Se sienta.)

ELECTRA.- Elógialo por adelantado, que está muy bien . . . Verás (Se sienta.)

MÁXIMO.- Se me ha metido en mi casa un angelito cocinero . . .

ELECTRA.- Llámame lo que quieras, Máximo; pero ángel no me llames.

MÁXIMO.- Ángel de la cocina . . . (Ríen ambos.)

ELECTRA.- Ni eso. (Haciéndole el plato.) Te sirvo.

MÁXIMO.- No tanto.

ELECTRA.- Mira que no hay más. He creído que en estos apuros, vale más una sola cosa buena que muchas medianas. (Empiezan a comer.)

MÁXIMO.- Acertadísimo . . . ¿Sabes de qué me río? ¡Si ahora viniera Evarista y nos viera, comiendo, así, solos . . . !

ELECTRA.- ¡Y cuando supiera que la comida está hecha por mí! . . .

MÁXIMO.- Chica, ¿sabes que este arroz está muy bien, pero muy bien hecho . . . ?

ELECTRA.- En Hendaya, una señora valenciana fue mi maestra: me dio un verdadero curso de arroces. Sé hacer lo menos siete clases, todas riquísimas.

MÁXIMO.- Vaya, chiquilla, eres un mundo que se descubre . . .

ELECTRA.- ¿Y quién es mi Colón?

MÁXIMO.- No hay Colón. Digo que eres un mundo que se descubre solo . . .

ELECTRA.- (Riendo.) Pues por ser yo un mundito chiquito, que se cree digno de que lo descubran, ¡pobre de mí! determinarán hacerme monja, para preservarme de los peligros que amenazan a la inocencia.

MÁXIMO.- (Después de probar el vino, mira la etiqueta.) Vamos, que no has traído mal vino.

ELECTRA.- En tu magnífica bodega, que es como una biblioteca de riquísimos vinos, he escogido el mejor Burdeos, y un Jerez superior.

MÁXIMO.- Muy bien. No es tonta la bibliotecaria.

ELECTRA.- Pues sí. Ya sé lo que me espera: la soledad de un convento . . .

MÁXIMO.- Me temo que sí. De ésta no escapas.

ELECTRA.- (Asustada.) ¿Cómo?

MÁXIMO.- (Rectificándose.) Digo, sí: te escapas . . . te salvaré yo . . .

ELECTRA.- Me has prometido ampararme.

MÁXIMO.- Sí, sí . . . Pues no faltaba más . . .

ELECTRA.- (Con gran interés.) Y ¿qué piensas hacer? dímelo . . .

MÁXIMO.- Ya verás . . . la cosa es grave . . .

ELECTRA.- Hablas con la tía . . . y . . . ¿qué más?

MÁXIMO.- Pues . . . hablo con la tía.

ELECTRA.- ¿Y qué le dices, hombre?

MÁXIMO.- Hablo con el tío . . .

ELECTRA.- (Impaciente.) Bueno: supongamos que has hablado ya con todos los tíos del mundo . . . Después . . .

MÁXIMO.- No te importe el procedimiento. Ten por seguro que te tomaré bajo mi amparo, y una vez que te ponga en lugar honrado y seguro, procederé al examen y selección, de novios. De esto quiero hablar contigo ahora mismo.

ELECTRA.- ¿Me reñirás?

MÁXIMO.- No: ya me has dicho que te hastía el juego de muñecos vivos, o llámense novios.

ELECTRA.- Buscaba en ello la medicina de mi aburrimiento, y a cada toma me aburría más . . .

MÁXIMO.- ¿Ninguno ha despertado en ti un sentimiento . . . distinto de las burlas?

ELECTRA.- Ninguno.

MÁXIMO.- ¿Todos se te han manifestado por escrito?

ELECTRA.- Algunos . . . por el lenguaje de los ojos, que no siempre sabemos interpretar. Por eso no los cuento.

MÁXIMO.- Sí: hay que incluirlos a todos en el catálogo, lo mismo a los que tiran de pluma que a los que foguean con miraditas. Y henos aquí frente al grave asunto que reclama mi opinión y mi consejo. Electra, debes casarte, y pronto.

ELECTRA.- (Bajando los ojos, vergonzosa.) ¿Pronto? . . . Por Dios, ¿qué prisa tengo?

MÁXIMO.- Antes hoy que mañana. Necesitas a tu lado un hombre, un marido. Tienes alma, temple, instintos y virtudes matrimoniales. Pues bien: en la caterva de tus pretendientes, forzoso será que elija yo uno, el mejor, el que por sus cualidades sea digno de ti. Y el colmo de la felicidad será que mi elección coincida con tu preferencia,   porque no adelantaríamos nada, fíjate bien, si no consiguiera yo llevarte a un matrimonio de amor.

ELECTRA.- (Con suma espontaneidad.) ¡Ay, sí!

MÁXIMO.- A la vida tranquila, ejemplar, fecunda, de un hogar dichoso ...

ELECTRA.- ¡Ay, qué preciosidad! ¿Pero merezco yo eso?

MÁXIMO.- Yo creo que sí ... Pronto se ha de ver. (Concluyen de comer el arroz.)

ELECTRA.- ¿Quieres más?

MÁXIMO.- No, hija: gracias. He comido muy bien.

ELECTRA.- (Poniendo el frutero en la mesa.) Da postre no te pongo más que fruta. Sé que te gusta mucho.

MÁXIMO.- (Cogiendo una hermosa manzana.) Sí, porque esto es la verdad. No se ve aquí mano del hombre ... más que para cogerla.

ELECTRA.- Es la obra de Dios. ¡Hermosa, espléndida, sin ningún artificio!

MÁXIMO.- Dios hace estas maravillas para que el hombre las coja y se las coma ... Pero no todos tienen la dicha o la suerte de pasar bajo el árbol ... (Monda una manzana.)

ELECTRA.- Sí pasan, sí pasan ... pero algunos van tan abstraídos mirando al suelo, que no ven el hermoso fruto que les dice: «Cógeme, cómeme». Y bastaría que por un momento se aparta ser de sus afanes, y alzaran los ojos ...

MÁXIMO.- (Contemplándola.) Como alzar los ojos, yo ... ya miro, ya ...

Escena VII

ELECTRA, MÁXIMO; MARIANO, por la izquierda.

MARIANO.- Señor ...

MÁXIMO.- ¿Qué?

MARIANO.- ¡Al rojo vivo!

74

ELECTRA.- ¡Ah, la fusión!

MÁXIMO.- Cuando está al blanco incipiente, me avisas.

MARIANO.- (A punto de marcharse.) Está bien.

MÁXIMO.- Oye. Que nos preparen en la fábrica la batería Bunsen. Advierte que antes de dar luz necesito el dinamo grande para un ensayo.

MARIANO.- Bien. (Vase por el fondo.)

Escena VIII

ELECTRA, MÁXIMO; después el OPERARIO.

ELECTRA.- (Con tristeza.) Pronto tendrás que ocuparte de la fusión, y yo . . .

MÁXIMO.- Y tú . . . naturalmente, volverás a tu casa.

ELECTRA.- (Suspirando.) ¡Ay! no quiero pensar en la que se armará cuando yo entre . . .

MÁXIMO.- Tú oyes, callas y esperas.

ELECTRA.- ¡Esperar, esperar siempre! (Concluyen de comer. ELECTRA se levanta y retira platos.) ¡Ay! si tú no miras por esta pobre huérfana, pienso que ha de ser muy desgraciada . . . ¡Es mucho cuento, Señor! Evarista y Pantoja empeñados en que yo he de ser ángel, y yo . . . vamos, que no me llama Dios por el camino angelical.

MÁXIMO.- (Que se ha levantado y parece dispuesto a proseguir sus trabajos.) No temas. Confía en mí. Yo te reclamaré como protector tuyo, como maestro.

ELECTRA.- (Aproximándose a él suplicante.) Pero no tardes. Por la salud de tus hijos, Máximo, no tardes. Oye lo que se me ocurre: ¿por qué no me tomas como a uno de tus niños, y me tienes como ellos y con ellos?

MÁXIMO.- (Con seriedad, muy afectuoso.) ¿Sabes que es una excelente idea? Hay que pensarlo . . . Déjame que lo piense.

OPERARIO.- (Por el foro.) El señor Marqués de Ronda.

ELECTRA.- (Asustada.) ¡Oh! debo marcharme.

MÁXIMO.- No, hija: si es nuestro amigo, nuestro mejor amigo . . . Ya verás . . . (Al OPERARIO.) Que pase. (Vase el OPERARIO.)

ELECTRA.- Pensará tal vez . . .

MÁXIMO.- No pensará nada malo. ¿Has hecho café?

ELECTRA.- Iba a colarlo ahora . . . un café riquísimo . . . Sé hacerlo a maravilla.

MÁXIMO.- Tráelo . . . Convidamos al Marqués.

ELECTRA.- Bueno, bueno. Pues tú lo mandas . . . Voy por el café. (Vase gozosa, con paso ligero.)

Escena IX

MÁXIMO, el MARQUÉS, ELECTRA;
al fin de la escena MARIANO.

MÁXIMO.- Adelante, Marqués.

MARQUÉS.- Ilustre, simpático amigo. (Desconsolado, mirando a todos lados.) ¿Y Electra?

MÁXIMO.- En la cocina.

MARQUÉS.- ¡En la cocina!

MÁXIMO.- Volverá al instante. Hemos comido, y ahora tomaremos café.

MARQUÉS.- ¡Han comido! (Observando la mesa.)

MÁXIMO.- Un arroz delicioso, hecho por ella.

MARQUÉS.- ¡Bendita sea mil veces! (Muy desconsolado.) ¡Pero, hombre! ¡No haberme convidado! Vamos, no se lo perdono a usted.

MÁXIMO.- ¡Si esto ha sido una improvisación! ¿Por qué no pasó usted antes, cuando estuvo en la fábrica . . . ?

MARQUÉS.- Es verdad . . . Mía es la culpa.

MÁXIMO.- Tomaremos café, y perdone, querido Marqués, que le reciba y le obsequie en esta pobreza estudiantil.

MARQUÉS.- Ya lo he dicho: no acabo de comprender que usted, hombre acaudalado, teniendo arriba tan magníficas habitaciones . . .

MÁXIMO.- Es muy sencillo . . . La ciencia y el hábito del estudio me recluyen en esta madriguera. Ha puesto a mis hijos en los aposentos bajos para tenerlos cerca de mí, y aquí vivo, como un ermitaño.

MARQUÉS.- Sin acordarse de que es rico . . .

MÁXIMO.- Mi opulencia es la sencillez, mi lujo la sobriedad, mi reposo el trabajo, y así he de vivir mientras esté solo.

MARQUÉS.- La soledad toca a su fin. Hay que determinarse. En fin, mi querido amigo, vengo a prevenir a usted . . . (Entra ELECTRA con el café.) ¡Oh, la encantadora divinidad casera!

ELECTRA.- (Avanza cuidadosa con la bandeja en que trae el servicio, temiendo que se le caiga alguna pieza.) Por Dios, Marqués, no me riña.

MARQUÉS.- ¡Reñir yo!

ELECTRA.- Ni me haga reír. Temo hacer un destrozo. ¡Cuidado! (El MARQUÉS toma de sus manos la bandeja.)

MARQUÉS.- Aquí estoy yo para impedir cualquier catástrofe. (Pone todo en la mesa.) No tengo por qué reñir, hija mía. En otra parte me asustaría esta libertad. En la morada de la honradez laboriosa, de la caballerosidad más exquisita, no me causa temor.

MÁXIMO.- Gracias, señor Marqués. (Les sirve el café.)

MARQUÉS.- No lo aprecian del mismo modo los señores de enfrente . . . La noticia de lo que aquí pasa ha llegado al Asilo de Santa Clara fundación de María Requesens. Confusión y alarma de los García Yuste. Allá está reunido todo el Cónclave.

ELECTRA.- ¡Dios tenga piedad de mí!

MARQUÉS.- Hija mía, calma.

MÁXIMO.- Tú déjate, déjanos a nosotros.

MARQUÉS.- Por mi parte, para todas las contingencias que pueda traer esta travesurilla, tienen ustedes en mí un amigo incondicional, un defensor valiente.

ELECTRA.- (Cariñosa.) ¡Oh, Marqués, qué bueno es usted!

MÁXIMO.- ¡Qué bueno!

ELECTRA.- ¿Y qué tienen que decir de mi café?

MARQUÉS.- Que es digno de Júpiter, el papá de los Dioses. En el Olimpo no lo sirvieron nunca mejor. ¡Benditas las manos que lo han hecho! Conceda Dios a mi vejez el consuelo de repetir estas dulces sobremesas entre las dos personas . . . (Muy cariñoso, tocando las manos de uno y otro.) entre los dos amigos que ahora me escuchan, me atienden y me agasajan.

ELECTRA.- ¡Oh, qué hermosa esperanza!

MARQUÉS.- Me voy a permitir, querido Máximo, emplear con usted un signo de confianza. No lo llevo usted a mal . . . Mis canas me autorizan . . .

MÁXIMO.- Lo adivino, Marqués.

MARQUÉS.- Desde este momento queda establecida la siguiente reforma . . . social. Le tuteo a usted, es decir, a ti.

MÁXIMO.- Lo considero como una gran honra.

ELECTRA.- ¿Y a mí por qué no?

MARQUÉS.- (A MÁXIMA.) ¿Qué te parece? ¿También a ella? . . .

MÁXIMO.- Sí, sí . . . bajo mi responsabilidad.

ELECTRA.- (Aplaudiendo.) Bravo, bravo.

MÁRQUEZ.- (Muy satisfecho.) Bien, amigos míos: correspondo a vuestra confianza participándoos que el Cónclave prepara contra vosotros resoluciones de una severidad inaudita.

ELECTRA.- Dios mío, ¿por qué?

MARQUÉS.- Los señores de García Yuste muy santos y muy buenos . . . Dios les conserve . . . se han lanzado a la navegación por lo infinito, y queriendo subir, subir muy alto, han arrojado el lastre, que es la lógica terrestre. (MÁXIMO hace signos de asentimiento.)

ELECTRA.- No entiendo . . .

MARQUÉS.- Ese lastre, ese plomo, la lógica terrestre, la lógica humana, lo recogemos nosotros.

MÁXIMO.- (Riendo.) Está bien, muy bien.

ELECTRA.- (Aplaudiendo sin entenderlo.) Lastre, plomo recogido . . . lógica humana . . . Muy bien.

MARQUÉS.- Dueños de esa fuerza, la santa lógica, es urgente que nos preparemos para desbaratar los planes del enemigo. Primera determinación nuestra: (A ELECTRA.) que vuelvas a tu casa . . . No te asustes. No irás sola.

ELECTRA.- ¡Ay! respiro.

MARQUÉS.- Iremos contigo los dos profesores de lógica terrestre que estamos aquí.

ELECTRA.- (Gozosa.) ¡Dios mío, qué felicidad! Yo entre los dos, conducida por la pareja de la Guardia civil.

MÁXIMO.- (Al MARQUÉS.) ¿No le parece a usted que debemos ir de día, para que se vea con qué arrogancia desafían estos criminales la plena luz?

MARQUÉS.- ¡Oh, no! Opino que vayamos después de anochecido para que se vea que nuestra honradez no teme la obscuridad.

MÁXIMO.- ¡Excelente ideal! De noche.

ELECTRA.- De noche.

MARIANO.- (Asomándose a la puerta de la izquierda.) ¡Señor, al blanco incipiente!

ELECTRA.- (Con alegría infantil.) ¡La fusión! (Dice esto con alegría inconsciente.)

MÁXIMO.- (A MARIANO.) No puedo ahora. Avísame en el punto del blanco resplandeciente. (Vase MARIANO.)

MARQUÉS.- (Con solemnidad, tomando una copa.) Permitidme, amigos del alma, que brinde por la feliz unión, por el perfecto himeneo de esos benditos metales.

MÁXIMO.- (Con entusiasmo, alzando la copa.) Brindo por nuestro primer metalúrgico, el noble Marqués de Ronda.

ELECTRA.- (Con emoción muy viva, brindando.) ¡Por el grande y cariñoso amigo! (Aparece PANTOJA por la derecha, viniendo del jardín. Permanece en la puerta contemplando con frío estupor la escena.)

Escena X
MÁXIMO, ELECTRA, el MARQUÉS, PANTOJA.

MARQUÉS.- ¡El enemigo!

ELECTRA.- (Aterrada.) ¡Don Salvador! ¡El Señor sea conmigo!

MÁXIMO.- Adelante, señor de Pantoja. (PANTOJA avanza silencioso, con lentitud.) ¿A qué debo el honor . . . ?

PANTOJA.- Anticipándome a mis buenos amigos, Urbano y Evarista, que pronto volverán a su casa, aquí estoy dispuesto a cumplir el deber de ellos y el mío.

MÁXIMO.- ¡El deber de ellos . . . usted . . . !

MARQUÉS.- Viene a sorprendernos, con aires de polizonte.

MÁXIMO.- En nosotros ve sin duda criminales empedernidos.

PANTOJA.- No veo nada, no quiero ver más que a Electra, por quien vengo; a Electra, que no debe estar aquí, y que ahora se retirará conmigo, y conmigo llorará su error. (Coge la mano de ELECTRA, que está como insensible; inmovilizada por el miedo.) Ven.

MÁXIMO.- Perdone usted. (Sereno y grave, se acerca a PANTOJA.) Con todo el respeto que a usted debo, señor de Pantoja, lo suplico que dejo en libertad esa mano. Antes de cogerla debió usted hablar conmigo, que soy el dueño de esta casa, y el responsable de todo lo que en ella ocurre, de lo que usted ve . . . de lo que no quiere ver.

PANTOJA.- (Después de una corta vacilación, suelta la mano de ELECTRA.) Bien: por el momento suelto la mano de la pobre criatura descarriada, o traída aquí con engaño, y hablo contigo . . . a quien sólo quisiera decir muy pocas palabras: «Vengo por Electra. Dama lo que no es tuyo, lo que jamás será tuyo».

MÁXIMO.- Electra es libre: ni yo la he traído aquí contra su voluntad, ni contra su voluntad se la llevará usted.

MARQUÉS.- Que nos indique siquiera en qué funda su autoridad.

PANTOJA.- Yo no necesito decir a ustedes el fundamento de mi autoridad. ¿A qué tomarme ese trabajo, si estoy seguro de que ella, la niña graciosa . . . y ciega, no ha de negarme la obediencia que le pido? Electra, hija del alma, ¿no hasta una palabra mía, una mirada, para separarte de estos hombres y traerte a los brazos de quien ha cifrado en ti los amores más puros, de quien no vive ni quiere vivir más que para ti? (Rígida y mirando al suelo, ELECTRA calla.)

MÁXIMO.- No basta, no, esa palabra de usted.

MARQUÉS.- No parece convencida, señor mío.

MÁXIMO.- Permítame usted que la interrogue yo. Electra, adorada niña, responde: ¿tu corazón y tu conciencia te dicen que entre todos los hombres que conoces, los que aquí ves y otros que no están presentes, sólo a ese, sólo a ese sujeto respetable debes obediencia y amor?

MARQUÉS.- Habla con tu corazón, hija; con tu conciencia.

MÁXIMO.- Y si él te ordena que le sigas, y nosotros permanezcas aquí, ¿qué harás con libre voluntad?

ELECTRA.- (Después de una penosa lucha.) Estar aquí.

MARQUÉS.- ¿Lo ve usted?

PANTOJA.- Está fascinada . . . No es dueña de sí.

MÁXIMO.- No insistirá usted.

MARQUÉS.- Se declarará vencido.

PANTOJA.- (Con fría tenacidad.) Yo no me creo vencido. La razón siempre está victoriosa, y yo me estimaría indigno de poseer la que Dios me dado y guardo aquí, si no la pusiera continuamente por encima de todos los errores y de todos los extravíos. No, no cedo. Máximo, los metales que arden en tus hornos son menos duros que yo. Tus máquinas potentes son artificios de caña si las comparas con mi voluntad. Electra me pertenece: basta que yo lo diga.

ELECTRA.- (Aparte.) ¡Qué terror siento!

MÁXIMO.- Si quiere usted asegurarse del poder de su voluntad, pruébela contra la mía.

PANTOJA.- No necesito probarla ni contigo ni con nadie, sino hacer lo que debo.

MÁXIMO.- El deber esa es mi fuerza.

PANTOJA.- Un deber con móviles terrenos y fines accidentales. El deber mío se mueve por una conciencia tan fuerte y dura como los ejes del universo, y mis fines están tan altos que tú no los ves, ni podrás verlos nunca.

MÁXIMO.- Súbase usted tan alto como quiera. A lo más alto iré yo para decirle que no le temo, Electra tampoco.

PANTOJA.- Caprichudo es el hombre.

MÁXIMO.- Para que hable usted de metales duros.

MARQUÉS.- Electra volverá a su casa con nosotros . . .

MÁXIMO.- Conmigo, y esto bastará para que sus tíos le perdonen su travesura.

PANTOJA.- Sus tíos no la perdonarán ni la recibirán mejor viéndola entrar contigo, porque sus tíos no pueden renegar de sus sentimientos, de sus convicciones firmísimas. (Exaltándose.) Yo estoy en el mundo para que Electra no se pierda, y no se perderá. Así lo quiere la divina voluntad, de la que es reflejo este querer mío, que os parece brutalidad caprichosa, porque no entendéis, no, de las grandes empresas del espíritu, pobres ciegos, pobres locos . . .

ELECTRA.- (Consternada.) Don Salvador, por la Virgen, no se enfade usted. Yo no soy mala . . . Máximo es bueno . . . Usted lo sabe . . . los tíos lo saben . . . ¡Que no debí venir aquí sola . . . ! Bueno . . . Volveré a casa. Máximo y el Marqués irán conmigo, y los tíos me perdonarán. (A MÁXIMO y al MARQUÉS.) ¿Verdad que me perdonarán? . . . (A PANTOJA.) ¿Por qué quiere usted mal a Máximo, que no le ha hecho ningún daño? ¿Verdad que no? ¿Qué razón hay de esa ojeriza? . . .

MÁXIMO.- No es ojeriza: es odio recóndito, inextinguible.

PANTOJA.- Odiarte no. Mis creencias me prohíben el odio. Cierto que entre nosotros, por causa de tus ideas insanas, hay cierta incompatibilidad . . . Además, tu padre, Lázaro Yuste, y yo, ¡ay dolor!

tuvimos desavenencias de las que más vale no hablar ahora. Pero a ti no te aborrezco, Máximo . . . más bien te estimo. (Cambiando el tono austero e iracundo por otro más suave, conciliador.) Dejo a un lado la severidad con que al principio te hablé, y forzando un tanto mi carácter . . . te suplico que permitas a Electra partir conmigo.

MÁXIMO.- (Inflexible.) No puedo acceder a su ruego.

PANTOJA.- (Violentándose más.) Por segunda vez, Máximo olvidando todo resentimiento, casi, casi deseando tu amistad, te lo suplico . . . Déjala.

MÁXIMO.- Imposible.

PANTOJA.- (Devorando su humillación.) Bien, bien . . . Me lo has negado por segunda vez . . . No tengo más que dos mejillas. Si tres tuviera para recibir de tu mano tres bofetadas, por tercera vez te pediría lo mismo. (Con gravedad y rigidez, sin ninguna inflexión de ternura.) Adiós, Electra . . . Máximo, Marqués, adiós.

ELECTRA.- (En voz baja a MÁXIMO.) Por Dios, Máximo, transige un poco.

MÁXIMO.- (Redondamente.) No.

ELECTRA.- ¿No dijisteis que me llevaríais tú y el Marqués? Vámonos todos juntos. (Esta frase es oída por PANTOJA en su marcha lenta hacia la salida. Detiénese.)

MÁXIMO.- (Con energía.) No . . . Él ha de irse primero. Cuando a nosotros nos acomode, y sin la salvaguardia de nadie, iremos.

PANTOJA.- (Fríamente, ya en la puerta.) ¿Y a qué vas tú? ¿A empeorar la situación de la pobre niña?

MÁXIMO.- Voy . . . a lo que voy.

PANTOJA.- ¿No puedo saberlo?

MÁXIMO.- No es preciso.

PANTOJA.- No he pretendido que me reveles tus intenciones. ¿Para qué, si las conozco? (Da algunos pasos hacia el centro de la escena clavando la mirada en MÁXIMO.) No me fío de la expresión de tus ojos. Penetro en el doble fondo de tu mente: allí veo lo que piensas . . .

No te interrogué por saber tu intención, que ya sabía, sino por oírte las bonitas promesas con que le encubres. En ti no mora la verdad; en ti no mora el bien, no, no . . . no . . . (Vase despacio repitiendo las últimas palabras.)

Escena XI
ELECTRA, MÁXIMO, el MARQUÉS, MARIANO.

ELECTRA.- (Aterrada.) Se fue . . . ¿Volverá?

MARQUÉS.- ¡Qué hombre! (Principia a obscurecer.)

MÁXIMO.- Más que hombre es una montaña que quiere desplomarse sobre nosotros y aplastarnos.

MARQUÉS.- Pero no caerá . . . Es un monte imaginario, inofensivo.

ELECTRA.- (Consternada, buscando refugio junto a MÁXIMO.) Ampárame, Máximo. Quítame este terror.

MÁXIMO.- Nada temas. Ven a mí. (Le coge las manos.)

MARQUÉS.- Ya obscurece. Debemos irnos ya.

ELECTRA.- Vamos . . . (Incrédula y medrosa.) Pero de veras, ¿voy contigo?

MÁXIMO.- Unidos en este acto, como lo estaremos toda la vida . . .

ELECTRA.- ¿Contigo siempre? (Aumenta la obscuridad.)

MARIANO.- (En la puerta de la izquierda.) ¡Señor, el blanco deslumbrante!

MARQUÉS.- (A MARIANO.) La fusión está hecha. Apaga los hornos.

MÁXIMO.- (Con gran efusión, besándole las manos.) Alma, luminosa, corazón grande, contigo siempre . . . Voy a decir a nuestros tíos que te reclamo, que te hago mía, que serás mi compañera y la madrecita de mis hijos.

ELECTRA.- (Acongojada, como si la alegría la trastornase.) No me engañes . . . ¿Viviré con tus niños, será entre ellos la niña mayor . . . seré tu mujer?

MÁXIMO.- (Con fuerte voz.) Sí, sí. (Iluminada la sala del fondo, resplandece con viva claridad toda la escena.)

MARQUÉS.- Vámonos . . . Ya viene la noche.

ELECTRA.- Es el día . . . ¡Día eterno para mí! (MÁXIMO la enlaza por la cintura y salen. El MARQUÉS tras ellos.)

FIN DEL ACTO TERCERO

ACTO IV

Jardín del palacio de García Yuste. A la derecha la entrada al palacio, con escalera de pocos peldaños. A la izquierda, haciendo juego con la entrada, un cuerpo de arquitectura grutesca, decorado con bajorrelieves: al pie de esta construcción un banco de piedra, en ángulo, de traza elegante. Jarrones o plantas exóticas en tibores decoran esta terraza con piso de mosaico, entre el edificio y el suelo enarenado del jardín.

En segundo término y en el fondo, el jardín, con grandes árboles y macizos de flores. Del centro parten tres paseos en curvas. El de la izquierda conduce a la calle. Sillas de hierro. Es de día.

Escena I
ELECTRA, PATROS, con una cesta de flores
que acaban de coger.

ELECTRA.- (Sacando del bolsillo una carta.) Déjame aquí las flores y toma la carta.

PATROS.- (Deja las flores.) Y van tres hoy.

ELECTRA.- (Escogiendo las flores pequeñas, forma con ellas tres ramitos.) No caben en el tiempo las infinitas cosas que Máximo y yo tenemos que decirnos.

PATROS.- Bendito sea Dios, que de la noche a la mañana ha dado tanta felicidad a la señorita.

ELECTRA.- Anoche pidió mi mano. Hoy decidirán mis tíos la fecha de nuestra boda.

PATROS.- Y entre tanto, carta va, carta viene.

ELECTRA.- En estas horas de impaciencia febril, Máximo y yo no podemos privarnos de la comunicación escrita. En mi carta de las ocho y quince le decía, cosas muy serias; en la de las nueve y veinticinco le decía que no se descuide en dar a Lolín la cucharadita de jarabe cada dos horas, y en ésta que ahora llevas le advierto que mi tía está en misa, que aún tardará en venir. Tienen que hablar . . . naturalmente . . .

PATROS.- Ya . . . Hasta las once no volverá de misa la señora . . .

ELECTRA.- Y a las once irá yo con el tío. (Atando los tres ramitos.) Ea, ya están. Éste para él, y éstos para los nenes. A cada uno el suyo para que no se peleen . . . (Disponiéndose a componer el ramo grande.) Ahora el ramo para la Virgen de los Dolores . . . Vete y vuelve pronto para que me ayudes . . . Espérate por la contestación, que aunque sólo sea de dos palabras me colmará de alegría.

PATROS.- Voy volando. (Vase corriendo por el foro.)

ELECTRA.- (Eligiendo las flores más bonitas para formar el ramo.) Hoy, Virgen mía, mi ofrenda será mayor: debiera ser tan grande que dejara sin una flor el jardín de mis tríos; quisiera poner hoy ante tu imagen todas las cosas bonitas que hay en la Naturaleza, las rosas, las estrellas, los corazones que saben amar . . . ¡Oh, Virgen santa, consuelo y esperanza nuestra, no me abandones, llévame al bien que te he pedido, al que me prometiste anoche, hablándome con la expresión de tus divinos ojos, cuando yo con mis lágrimas te decía mí ansiedad, mi gratitud . . . !

PATROS.- (Presurosa por el fondo.) No traigo carta; pero sí un recadito que vale más.

ELECTRA.- ¿Qué? . . . . ¿Sale?

PATROS.- Ahora mismo, en cuanto se vayan unos señores que ya estaban despidiéndose . . . Que le espere usted aquí, y hablarán un ratito . . . Mena que ir a una conferencia telefónica.

ELECTRA.- (Mirando al fondo.) ¿Vendrá ya? (Siente pasos.) Me parece . . .

PATROS.- Ya viene.

ELECTRA.- (Dándole el ramo.) Toma . . . Para la Virgen.

PATROS.- Ya, ya.

ELECTRA.- (Deteniéndola.) Pero no se lo pongas a la Virgen del oratorio . . . Cuidado, Patros . . . A la del oratorio no, sino a la mía, a la que tengo en la cabecera de mi cama. Por Dios, no te equivoques.

PATROS.- ¡Ah, no . . . ! ya sé . . . (Entra corriendo en la casa.)

Escena II
ELECTRA, MÁXIMO, después el MARQUÉS.

MÁXIMO.- (A distancia, abriendo un poco los brazos.) ¡Niña!

ELECTRA.- (Lo mismo.) ¡Maestro!

MÁXIMO.- Estamos avergonzados . . . No sabemos qué decirnos.

ELECTRA.- Avergonzadísimos. Empieza tú.

MÁXIMO.- Tú . . . Para que se te quite la vergüenza, dime una gran mentira: que no me quieres.

ELECTRA.- Dime tú primero una gran verdad.

MÁXIMO.- Que te adoro. (Se aproximan.)

ELECTRA.- ¡Falso, traidor! Toma esta rosa que ha cogido para ti. Es pequeñita y modesta. Así quisiera ser siempre para ti tu chiquilla. (Se la pone en el ojal.)

MÁXIMO.- (Con admiración.) ¡Corazón grande, inteligencia superior!

ELECTRA.- Aumenta corazón y rebaja inteligencia.

MÁXIMO.- No rebajo nada.

ELECTRA.- ¿Sabes? Quisiera yo ser muy bruta, muy cerril, para llegar a ti en la mayor ignorancia, y que pudieras tú enseñarme las primeras ideas. No quiero tener nada que no sea tuyo.

Ideas hermosas y sentimientos nobles te sobran. Dios te ha dotado generosamente colmándote de preciosidades, y ahora te pone en mis manos para que este obrero cachazudo te perfile, te remate, te pulimente.

ELECTRA.- Te vas a lucir, maestro: yo te digo que te lucirás.

MÁXIMO.- Haré una mujer buena, juiciosa, amantes . . . ¡Vaya si me luciré! (Mira su reloj.)

ELECTRA.- No te detengas por mí. Miremos ante todo a las obligaciones. ¿Tardarás mucho?

MÁXIMO.- No creo . . . Estaré aquí cuando Evarista vuelva de misa.

ELECTRA.- ¿Y nuestro Marqués ha venido, como nos prometió?

MÁXIMO.- En casa le dejo, escribiendo una carta para su notario. ¡Incomparable amigo! . . . ¡Ah! ¿no sabes? Anoche, cuando volvimos a casa? le referí tu novela paterna . . . la novela de dos capítulos. Está el hombre indignado . . . pero en ello vamos ganando, que así la tenemos a nuestra completa devoción, y con más alma y cariño nos defiende.

ELECTRA.- (Sorprendida.) ¿Pero necesitamos defensa todavía?

MÁXIMO.- En lo esencial, claro es que no . . . ¿Pero quién te asegura que los rivales de nuestro amigo no, nos molestarán con dificultades, con entorpecimientos de un orden secundario?

ELECTRA.- (Tranquilizándose.) De eso nos reiríamos.

MÁXIMO.- Pero riéndonos . . . debemos prevenir . . .

MARQUÉS.- (Presuroso por el foro.) ¿Aquí todavía?

MÁXIMO.- Marqués, en sus manos encomiendo mi alma.

MARQUÉS.- (Riñéndole cariñoso.) ¡Que llegas tarde!

MÁXIMO.- Ya me voy. Hasta muy luego.

ELECTRA.- (Viéndole salir.) Corre . . . Ven pronto.

Escena III
ELECTRA, el MARQUÉS.

MARQUÉS.- Bien por el galán científico. ¡Y qué admirable hallazgo para ti! Tu amor juvenil necesita un amor viudo, tu imaginación lozana una razón   fría. Al lado de este hombre, será mi niña una gran mujer.

ELECTRA.- Seré lo que él quiera hacer de mí. (Con gran curiosidad.) Dígame, Marqués, ¿trató usted a la pobrecita mujer de Máximo? No extrañará usted mi curiosidad . . . Es muy natural que desee conocer la vida anterior del hombre que amo.

MARQUÉS.- No la traté . . . la vi en compañía de Máximo una, dos veces. Era vascongada, desapacible, vulgar, poco inteligente; buena esposa, eso sí. Pero no debió de ser aquel matrimonio un modelo de felicidades.

ELECTRA.- A los padres de Máximo sí le conoció usted.

MARQUÉS.- A la madre no la vi nunca: era francesa, señora de gran mérito. Mi mujer fue su amiga. A Lázaro Yuste sí le traté, aunque no con intimidad, en España y en Francia, allá por el 68 . . . Hombre muy inteligente y afortunado en el negocio de minas, y con no poca suerte también, según decían, en las campañas amorosas. Era hombre de historia.

ELECTRA.- En eso no se parece a su hijo, que es la misma corrección.

MARQUÉS.- Bien puedes decir que te ha tocado el lote de marido más valioso y completo: cerebro de gigante, corazón de niño. Por tenerlo todo, hasta es poseedor de una buena fortuna: lo que le dejó su padre, y la reciente herencia de franceses. ¿Qué más quieres? Pide por esa boca, y verás como Dios te dice: «Niña, no hay más».

ELECTRA.- (Suspirando fuerte.) ¡Ay! . . . Y ahora dígame, señor Marqués de mi alma: ¿puedo estar tranquila?

MARQUÉS.- Absolutamente.

ELECTRA.- ¿Y nada debo temer de las dos personas que . . . ? Ya sabe usted que se creen con autoridad . . .

MARQUÉS.- Algo podrán molestarnos quizás . . . Pero ya les bajaremos los humos.

ELECTRA.- ¿El señor de Cuesta . . . ?

MARQUÉS.- Es el de menos cuidado. Hoy he hablado con él, y espero que acabe por apoyarnos resueltamente.

ELECTRA.- ¿El señor de Pantoja . . . ?

MARQUÉS.- Ese rezongará, nos dará cuantas jaquecas pueda, si se las consentimos; tocará la trompa bíblica para meternos miedo; pero no le hagas caso.

ELECTRA.- ¿De veras?

MARQUÉS.- No puede nada, nada absolutamente.

ELECTRA.- Y si me le encuentro por ahí, ¿no tengo por qué asustarme?

MARQUÉS.- Como te asustaría un moscardón con su zumbido mareante, que va y viene, gira y torna . . .

ELECTRA.- ¡Oh, qué alivio para mi pobre espíritu! (Con entusiasmo cariñoso.) Señor Marqués de Ronda, Dios le bendiga.

MARQUÉS.- (Muy afectuoso.) ¡Pobre niña mía! Dios será contigo.

Escena IV

Los mismos; DON URBANO, que viene
de la casa, con sombrero.

DON URBANO.- Marqués, Dios la guarde.

MARQUÉS.- ¿Puedo hablar con usted, querido Urbano?

DON URBANO.- ¿Será lo mismo después de misa? (A ELECTRA.) Pero, chiquilla, ¿estás con esa calma? Ya tocan.

ELECTRA.- No tengo más que ponerme el sombrero. Medio minuto, tío. (Entra corriendo en la casa.)

MARQUÉS.- Fijaremos la fecha de la boda, y se extenderá en regla el acta de consentimiento.

DON URBANO.- Mejor será que trate usted ese asunto con Evarista.

MARQUÉS.- Pero, amigo mío, ha llegado la ocasión de que usted haga frente a ciertas ingerencias que anulan la autoridad del jefe de la familia.

DON URBANO.- Querido Marqués, pídame usted que altere, que trastorne todo el sistema planetario, que quite los astros de aquí para ponerlos allá; pero no me pida cosa contraria a los pareceres de mi mujer.

MARQUÉS.- Hombre, no tanta, no tanta sumisión . . . Yo insisto en que debo tratar este asunto particularmente con usted, no con Evarista.

DON URBANO.- Véngase usted con nosotros a misa y hablaremos.

MARQUÉS.- Sí que iré.

Escena V

Los mismos; ELECTRA, EVARISTA, PANTOJA.

ELECTRA.- (Con sombrero, guantes, libro de misa.) Ya estoy.

DON URBANO.- Vamos. El Marqués nos acompaña.

EVARISTA.- (Por el fondo izquierda, seguida de PANTOJA.) Vayan pronto.

PANTOJA.- Pronto, si quieren alcanzarla.

EVARISTA.- ¿Volverá usted, Marqués?

MARQUÉS.- ¡Oh! seguro, infalible.

EVARISTA.- Hasta luego. (Vase ELECTRA, el MARQUÉS y DON URBANO por el fondo izquierda.)

Escena VI

EVARISTA, PANTOJA, que en actitud de gran cansancio y desaliento se arroja en el banco de la izquierda, primer término.

EVARISTA.- ¿Pasamos a casa?

PANTOJA.- No: déjeme usted que respire a mis anchas. En la iglesia me ahogaba . . . El calor, el gentío . . .

EVARISTA.- Hará que le traigan a usted un refresco . . . ¡Balbina!

PANTOJA.- Gracias.

EVARISTA.- Una taza de tila . . .

PANTOJA.- Tampoco. (Sale BALBINA. La señora le da la mantilla, que acaba de quitarse, y el libro de misa, y le manda que se retire.)

EVARISTA.- No hay motivo, amigo mío, para tan grande aflicción.

PANTOJA.- No es mi orgullo, como dicen, lo que se siente herido: es algo más delicado y profundo. Se me niega el consuelo, la gloria de dirigir a esa criatura y de llevarla por el camino del bien. Y me aflige más, que usted, tan afecta a mis ideas; usted, en quien yo veía una fiel amiga y una ferviente aliada, me abandone en la hora crítica.

EVARISTA.- Perdone usted, señor Don Salvador. Yo no abandono a usted. De acuerdo estábamos ya para custodiar, no digo encerrar, a esa loquilla en San José de la Penitencia, mirando a su disciplina y purificación . . . Pero ha surgido inopinadamente la increíble ventolera de Máximo, y yo no puedo, no puedo en modo alguno negar mi consentimiento . . . Ello será una locura: allá se les haya . . . ¿Pero de Máximo, como hombre de conducta, qué tiene usted que decir?

PANTOJA.- Nada. (Corrigiéndose.) ¡Oh, sí! algo podría decir . . . Mas por el momento sólo digo que Electra no está preparada para el matrimonio, ni en disposición de elegir con acierto . . . No rechazo yo en absoluto su casamiento, siempre que sea con un hombre cuyas ideas no puedan serle dañosas . . . Pero eso vendrá después. Lo primero es que esa tierna criatura ingresa en el auto asilo, donde la probaremos, pulsaremos con exquisito tacto sa carácter, sus gustos, sus afectos, y en vista de lo que observemos se determinará . . . (Con altanería.) ¿Qué tiene usted que decir?

EVARISTA.- (Acobardada.) Que para ese plan . . . hermosísimo, lo reconozco . . . no puedo ofrecer a usted mi cooperación.

PANTOJA.- (Con arrogancia, paseándose.) De modo que según usted, mi señora Doña Evarista, si la niña quiere perderse, que se pierda; si ella se empeña en condenarse, condénese en buen hora.

EVARISTA.- (Con mayor timidez, sugestionada.) ¡Su perdición! . . . ¿Y cómo evitarla? . . . ¿Acaso está en mi mano?

PANTOJA.- (Con energía.) Está.

EVARISTA.- ¡Oh! no . . . Me falta valor para intervenir . . . ¿Y con qué derecho? . . . Imposible, Don Salvador, imposible . . .

PANTOJA.- (Afirmándose más en su autoridad.) Sepa usted, amiga mía, que el acto de apartar a Electra de un mundo en que la cercan y amenazan innumerables bestias malignas, no es despotismo: es amor en la expresión más pura del cariño paternal, que comúnmente lastima para curar. ¿Dada usted de que el fin grande de mi vida, hoy, es el bien de la pobre niña?

EVARISTA.- (Acobardándose más.) No lo dudo . . . No puedo dudarlo.

PANTOJA.- (Con efusión y elocuencia.) Amo a Electra con amor tan intenso, que no aciertan a declararlo todas las sutilezas de la palabra humana. Desde que la vieron mis ojos, la voz de la sangre clamó dentro de mí, diciéndome que esa criatura me pertenece . . . Quiero y debo tenerla bajo mi dominio santamente, paternalmente . . . Que ella me ame como aman los ángeles . . . Que sea imagen mía en la conducta, espejo mío en las ideas. Que se reconozca obligada a padecer por los que le dieron la vida, y purificándose ella, nos ayuda, a los que fuimos malos, a obtener el perdón . . . Por Dios, ¿no comprende usted esto?

EVARISTA.- (Agobiada.) Sí, sí. ¡Cuánto admiro su inteligencia poderosa!

PANTOJA.- Menos admiración y más eficacia en favor mío.

EVARISTA.- No puedo . . . (Se sienta, llorosa y abatida.)

PANTOJA.- Naturalmente, a usted no puede inspirar Electra el inmenso interés que a mí me inspira. (Empleando suaves resortes de persuasión.) Si por el pronto causara enojos a la niña su apartamiento de las alegrías mundanas, no tardará en hacerse a la paz, a la quietud venturosa . . . Yo la dotará ampliamente. Cuanto paseo será para ella, para esplendor de su santa casa . . . Electra será nombrada Superiora; y bajo mi autoridad gobernará la Congregación . . . (Con profunda emoción.) ¡Qué feliz será, Dios mío, y yo qué feliz! (Quédase como en éxtasis.)

EVARISTA.- Comprendo, sí, que al no acceder yo a lo que usted pretende de mí, privo a esa criatura de llegar al estado más perfecto en la condición humana . . . Bien conoce usted mis sentimientos. ¡Con cuánto gusto trocaría la opulencia en que vivo por la gloria de dirigir obscuramente una casa religiosa de mucho trabajo y humildad! . . . Siempre admiró a usted por su protección a La Penitencia; le admiré más al saber que redoblaba usted sus auxilios cuando mi pobre Eleuteria, traspasada de dolor cual nueva Magdalena, buscaba en ese instituto la paz y el perdón. En el acto de usted vi la espiritualidad más pura.

PANTOJA.- Sí: cuando su desgraciada prima de usted entró en aquella casa, mi protección no sólo fue más positiva, sino más espiritual. Nunca vi a Eleuteria después de convertida, pues de nadie ni aun de mí mismo, se dejaba ver. Pero yo iba diariamente a la iglesia, y platicaba en espíritu con la penitente, considerándola regenerada, como lo estaba yo. Murió la infeliz, a los cuarenta y cinco años de su edad. Gestioné el permiso de sepultura en el interior del edificio, y desde entonces protegí más la Congregación, la hice enteramente mía, porque en ella reposaban los restos de la que amé. Nos había unido el delito, y ya nos unía el arrepentimiento, ella muerta, yo vivo . . .

EVARISTA.- Y ahora, el que bien podremos llamar fundador, todos los días, sin faltar uno, visita la santa casa y el cementerio humilde y poético donde reposan las Hermanas difuntas . . .

PANTOJA.- (Vivamente.) ¿Lo sabe?

EVARISTA.- Lo sé . . . Y ronda el patio florido, a la sombra de cipreses y adelfas . . .

PANTOJA.- Es verdad. ¿Y cómo sabe . . . ?

EVARISTA.- Ronda y divaga el fundador, rezando por sí y por la pobre pecadora, implorando el descanso de ella, el descanso suyo.

PANTOJA.- ¡Oh! sí . . . Allí reposarán también mis pobres huesos. (Con gran vehemencia.) Quiero, además, que así como mi espíritu no se aparta de aquella casa, en ella resida también, por el tiempo que fuera menester, el espíritu de Electra . . . No la forzaré a la vida claustral; pero si probándola, tomase gusto a tan hermosa vida y en ella quisiese permanecer, creería yo que Dios me había concedido los favores más inefables. Allí las cenizas de la pecadora redimida, allí mi hija, allí yo, pidiendo a Dios que a los tres nos dé la eterna paz. Y cuando llegue la muerte, los tres reposando en la misma tierra, todos mis amores conmigo, y los tres en Dios . . . ¡Oh, qué fin tan hermoso, qué grandeza y qué alegría!

EVARISTA.- (Con emoción muy viva.) ¡Grandeza, sí, idealidad incomparable!

PANTOJA.- ¿Duda usted todavía de que mis fines son elevados, de que no me mueve ninguna pasión insana?

EVARISTA.- ¿Cómo he de dudar eso?

PANTOJA.- Pues si mi plan le parece hermoso, ¿por qué no me auxilia?

EVARISTA.- Porque no tengo poder para ello.

PANTOJA.- ¿Ni aun asegurándole que la reclusión de la niña tendrá carácter de prueba . . . ?

EVARISTA.- Ni aun así.

EVARISTA.- No, Don Salvador, no cuente conmigo . . . (Luchando con su conciencia.) Reconozco la elevación . . . Con ellas simpatizo . . . Ecos y caricias de esas ideas siento yo en mi alma; pero algo debo también a la vida social, y en la vida social y de familia es imposible lo que usted desea.

PANTOJA.- (Disimulando su enojo.) Está bien. Paciencia . . . (Caviloso y sombrío, se pasea.)

EVARISTA.- (Después de una pausa.) ¿Qué piensa usted? . . . ¿Renuncia . . . ?

PANTOJA.- (Con naturalidad, y firmeza.) No, señora . . .

EVARISTA.- ¿Y cómo . . . ?

PANTOJA.- No lo sé . . . No me faltará una idea . . . Yo veré . . . (Resolviéndose.) Evarista: me hará usted el favor de escribir una carta a la Superiora de La Penitencia.

EVARISTA.- Diciéndole . . .

PANTOJA.- Que venga inmediatamente con dos Hermanas . . .

EVARISTA.- ¿Por qué no lo escribe usted?

PANTOJA.- Porque tengo que acudir a otra parte.

EVARISTA.- ¿Y ello ha de ser pronto?

PANTOJA.- Al instante . . .

EVARISTA.- Bien. (Dirígese a la casa.)

PANTOJA.- Mande usted la carta sin pérdida de tiempo.

EVARISTA.- (Mirando hacia el jardín.) Paréceme que ya vienen . . .

PANTOJA.- Pronto, amiga mía.

EVARISTA.- Ya voy . . . Dios nos inspire a todos. (Entra en la casa.)

PANTOJA.- Será con usted. (Aparte.) No quiero que me vean. (Se oculta tras el macizo de la derecha, junto a la escalinata.)

Escena VII

PANTOJA, oculto; ELECTRA, DON URBANO, el MARQUÉS, que vuelven de misa; PATROS, que sale de la casa.

ELECTRA.- (Adelantándose, coge a PATROS al pie de la escalinata.) ¿Ha venido?

PATROS.- No, señorita (Óyese canto lejano de niños jugando al corro en el jardín.)

ELECTRA.- Me muero de impaciencia. (Se quita el sombrero y los guantes y con el libro de misa los da a PATROS.) Esperaré jugando al corro con los chiquillos . . . Antes cogeré flores. (Coge florecitas eu el macizo de la izquierda.)

DON URBANO.- (A PATROS.) ¿La señora?

PATROS.- Dentro, señor.

MARQUÉS.- Vamos allá.

DON URBANO.- Después de usted, Marqués. (Entran en la casa. Tras ellos, PATROS.)

ELECTRA.- (Admirando las flores que ha cogido.) ¡Qué lindas, qué graciosas estas clemátides! (Sale PANTOJA: se asusta al verle.) ¡Ay!

Escena VIII

ELECTRA, PANTOJA.

PANTOJA.- Hija mía, ¿te asustas de mí?

ELECTRA.- ¡Ay, sí! . . . no puedo evitarlo . . . Y no debiera, no . . . Don Salvador, dispénseme . . . Me voy al corro.

PANTOJA.- Aguarda un instante. ¿Vas a que los pequeñuelos te comuniquen su alegría?

ELECTRA.- No, señor: voy a comunicársela yo a ellos, que la tengo de sobra. (Se aleja el canto del corro de niños.)

PANTOJA.- Ya sé la causa de tu grande alegría, ya sé.

ELECTRA.- Pues si lo sabe, no hay nada que decir. Hasta luego, Don Salvador.

PANTOJA.- (Deteniéndola.) ¡Ingrata! Concédeme un ratito.

ELECTRA.- ¿Nada más que un ratito?

PANTOJA.- Nada más.

ELECTRA.- Bueno. (Se sienta en el banco de piedra. Pone a un lado las flores, y las va cogiendo para adornarse con ellas, clavándoselas en el pelo.)

PANTOJA.- No sé a qué guardas reservas conmigo, sabiendo lo que me interesa tu existencia, tu felicidad . . .

ELECTRA.- (Sin mirarle, atenta a ponerse las florecillas.) Pues si le interesa mi felicidad, alégrese conmigo: soy muy dichosa.

PANTOJA.- Dichosa hoy. ¿Y mañana?

ELECTRA.- Mañana más . . . siempre más, siempre lo mismo.

PANTOJA.- La alegría verdadera y constante, el gozo indestructible, no existen más que en el amor eterno, superior a las inquietudes y miserias humanas.

ELECTRA.- (Adornado ya el cabello, se pone flores en el cuerpo y talle.) ¿Salimos otra vez con la tecla de que yo he de ser ángel . . . ? Soy muy terrestre, Don Salvador. Dios me hizo mujer, pues no me puso en el cielo, sino en la tierra.

PANTOJA.- Ángeles hay también en el mundo; ángeles son los que en medio de los desórdenes de la materia saben vivir la vida del espíritu.

ELECTRA.- (Mostrando su cuello y talle adornados de florecillas. Óyese más claro y, próximo el corro de niños.) ¿Qué tal? ¿Parezco un ángel?

PANTOJA.- Lo pareces siempre. Yo quiero que lo seas.

ELECTRA.- Así me adorno para divertir a los chiquillos. ¡Si viera usted cómo se ríen! (Con una triste idea súbita.) ¿Sabe usted lo que parezco ahora? Pues un niño muerto. Así adornan a los niños cuando los llevan a enterrar.

PANTOJA.- Para simbolizar la ideal belleza del Cielo a donde van.

ELECTRA.- (Quitándose flores.) No, no quiero parecer niño muerto. Creería yo que me llevaba usted a la sepultura.

PANTOJA.- Yo no te entierro, no. Quisiera rodearte de luz. (Se va apagando y cesa el canto de los niños.)

ELECTRA.- También ponen luces a los niños muertos.

PANTOJA.- Yo no quiero tu muerte, sino tu vida; no una vida inquieta y vulgar, sino dulce, libra, elevada, amorosa, con eterno y puro amor.

ELECTRA.- (Confusa.) ¿Y por qué desea usted para mí todo eso?

PANTOJA.- Porque te quiero con un amor de calidad más excelsa que todos los amores humanos. Te haré comprender mejor la grandeza de este cariño diciéndote que por evitarte un padecer leve, tomaría yo para mí los más espantosos que pudieran imaginarse.

ELECTRA.- (Atontada, sin entender bien.)

PANTOJA.- Considera cuánto padecerá ahora viendo que no puedo evitarte una penita, un sinsabor . . .

ELECTRA.- ¡A mí!

PANTOJA.- A ti.

ELECTRA.- ¡Una penita . . . !

PANTOJA.- Una pena . . . que me aflige más por ser yo quien he de causártela.

ELECTRA.- (Rebelándose, se levanta.) ¡Penas! . . . No, no las quiero. ¡Guárdeselas usted! . . . No me traiga más que alegrías.

PANTOJA.- (Condolido.) Bien quisiera; pero no puede ser.

ELECTRA.- ¡Oh! ya estoy aterrada. (Con súbita idea que la tranquiliza.) ¡Ah! . . . ya entiendo . . . ¡Pobre Don Salvador! Es que quiere decirme algo malo de Máximo, algo que usted juzga malo en su criterio, y que, según el mío, no lo es . . . No se canse . . . yo no he de creerlo . . .

(Precipitándose en la emisión de la palabra, sin dar tiempo a que hable PANTOJA.) Es Máximo el hombre mejor del mundo, el primero, y a todo el que me diga una palabra contraria a esta verdad, le detesto, le . . .

PANTOJA.- Por Dios, déjame hablar . . . no seas tan viva . . . Hija mía, yo no hablo mal de nadie, ni aun de los que me aborrecen. Máximo es bueno, trabajador, inteligentísimo . . . ¿Qué más quieres?

ELECTRA.- (Gozosa.) Así, así.

PANTOJA.- Digo más: te digo que puedes amarle, que es tu deber amarle . . .

ELECTRA.- (Con gran satisfacción.) ¡Ah!

PANTOJA.- Y amarle entrañablemente . . . (Pausa.) Él no es culpable, no.

ELECTRA.- ¡Culpable! (Alarmada otra vez.) Vamos, ¿a que acabará usted por decir de él alguna picardía?

PANTOJA.- De él no.

ELECTRA.- ¿Pues de quién? (Recordando.) ¡Ah! . . . Ya sé que el padre de Máximo y usted fueron terribles enemigos . . . También me han dicho que aquel buen señor, honradísimo en los negocios, fue un poquito calavera . . . ya usted me entiende . . . Pero eso a mí nada me afecta.

PANTOJA.- Inocentísima criatura, no sabes lo que dices.

ELECTRA.- Digo que . . . aquel excelente hombre . . .

PANTOJA.- Lázaro Yuste, sí . . . Al nombrarle, tengo que asociar su triste memoria a la de una persona que no existe . . . muy querida para ti . . .

ELECTRA.- (Comprendiendo y no queriendo comprender.) ¡Para mí!

PANTOJA.- Persona que no existe, muy querida para ti. (Pausa. Se miran.)

ELECTRA.- (Con terror, en voz apenas perceptible.) ¡Mi madre! (PANTOJA hace signos afirmativos con la cabeza.) ¡Mi madre! (Atónita, deseando y temiendo la explicación.)

PANTOJA.- Han llegado los días del perdón. Perdonemos.

ELECTRA.- (Indignada.) ¡Mi madre, mi pobre madre! No la nombran más que para deshonrarla . . . y la denigran los mismos que la envilecieron. (Furiosa.) Quisiera tenerlos en mi mano para deshacerlos, para destruirlos, y no dejar de ellos ni un pedacito así.

PANTOJA.- Tendrías que empezar tu destrucción por Lázaro Yuste.

ELECTRA.- ¡El padre de Máximo!

PANTOJA.- El primer corruptor de la desgraciada Eleuteria.

ELECTRA.- ¿Quién lo asegura?

PANTOJA.- Quien lo sabe.

ELECTRA.- ¿Y . . . ? (Se miran. PANTOJA no se atreve a explanar su idea.)

PANTOJA.- ¡Oh, triste de mí! . . . No debí, no, no debí hablarte de esto. Diera yo por callarlo, por ocultártelo, los días que me quedan de vida. Ya comprenderás que no podía ser . . . Mi cariño me ordena que hable.

ELECTRA.- (Angustiada.) ¡Y tendré yo que oírlo!

PANTOJA.- He dicho que Lázaro Yuste fue . . .

ELECTRA.- (Tapándose los oídos.) No quiero, no quiero oírlo.

PANTOJA.- Tenía entonces tu madre la edad que tú tienes ahora: diez y ocho años . . .

ELECTRA.- (Airada, rebelándose.) No creo . . . Nada creo.

PANTOJA.- Era una joven encantadora, que sufrió con dignidad aquel grande oprobio . . .

ELECTRA.- (Rebelándose con más energía.) ¡Cállese usted! . . . No creo nada, no creo . . .

PANTOJA.- Aquel grande oprobio, el nacimiento de Máximo.

ELECTRA.- (Espantada, descompuesto el rostro, se retira hacia atrás mirando fijamente a PANTOJA.) ¡Ah . . . !

PANTOJA.- Procediendo con cierta nobleza, Lázaro cuidó de ocultar la afrenta de su víctima . . . recogió al pequeñuelo . . . llevole consigo a Francia . . .

ELECTRA.- La madre de Máximo fue una francesa: Josefina Perret.

PANTOJA.- Su madre adoptiva . . . su madre adoptiva. (Mayor espanto de ELECTRA.)

ELECTRA.- (Oprimiéndose el cráneo con ambas manos.) ¡Horror! El cielo se cae sobre mí . . .

PANTOJA.- (Dolorido.) ¡Hija de mi alma, vuelve Dios a tus ojos!

ELECTRA.- (Trastornada.) Estoy soñando . . . Todo lo que veo es mentira, ilusión. (Mirando aquí y allí con ojos espantados.) Mentira estos árboles, esta casa . . . ese cielo . . . Mentira usted . . . usted no existe . . . es un monstruo de pesadilla . . . (Golpeándose el cráneo.) Despierta, mujer infeliz, despierta.

PANTOJA.- (Tratando de sosegarla.) ¡Electra, querida niña, alma inocente . . . !

ELECTRA.- (Con grito del alma.) ¡Madre, madre mía . . . ! la verdad, dime la verdad . . . (Fuera de sí recorre la escena.) ¿Dónde estás, madre? . . . Quiero la muerte o la verdad . . . Madre, ven a mí . . . ¡Madre, madre . . . ! (Sale disparada por el fondo, y se pierde en la espesura lejana. Suena próximo el canto de los niños jugando al corro.)

Escena IX

PANTOJA; DON URBANO, el MARQUÉS por la casa, presurosos. Tras ellos BALBINA y PATROS.

DON URBANO.- ¿Qué ocurre?

MARQUÉS.- Oímos gritar a Electra.

BALBINA.- Y salió corriendo por el jardín.

PATROS.- Por aquí. (Alarmadas las dos, corren y se internan en el jardín.)

MARQUÉS.- (Mirando por entre la espesura.) Allá va . . . Corre . . . continúa gritando . . . ¡Oh, niña de mi alma! (Corre al jardín.)

DON URBANO.- ¿Qué es esto?

PANTOJA.- Ya os lo explicaré . . . Aguarde usted. Dispongamos ahora . . .

DON URBANO.- ¿Qué?

PANTOJA.- (Tratando de ordenar sus ideas.) Deje usted que lo piense . . . Será preciso traerla a casa . . . Vaya usted . . .

DON URBANO.- (Mirando hacia el jardín.) Llega Máximo . . .

PANTOJA.- (Contrariado.) ¡Oh, qué inoportunamente!

DON URBANO.- Los niños corren hacia él . . . Parece que le informan . . . Electra se dirige a la gruta. Máximo va hacia la niña . . . Electra huye de él . . . Hablan el Marqués y mi sobrino acaloradamente.

PANTOJA.- Vaya usted . . . Cuide de que Máximo no intervenga . . .

DON URBANO.- Voy. (Se interna en el jardín.)

PANTOJA.- Temo alguna contrariedad. Si yo pudiera . . . (Queriendo ir y sin atreverse.)

BALBINA.- (Volviendo presurosa del jardín.) ¡Pobre niña . . . ! Clamando por su madre . . . Se ha sentado en la boca de la gruta, rodeada de los niños . . . y no hay quien la mueva de allí . . .

PANTOJA.- ¿Y Máximo?

BALBINA.- Lleno de confusión, como todos nosotros, que no entendemos . . . Voy a dar parte a la señora . . .

PANTOJA.- No, no. ¿Han venido la Superiora y las Hermanas?

BALBINA.- Ahí están.

PANTOJA.- No diga usted nada a la señora. Entre en la casa y espera mis órdenes.

BALBINA.- Bien, señor.

PANTOJA.- (Indeciso y como asustado.) Por primera vez en mi vida no acierto a tomar una resolución. Irá allá. (Al fondo del jardín.) No . . . ¿Esperaré? Tampoco. (Resolviéndose.) Voy. (A los pocos pasos le detiene MÁXIMO, que muy agitado y colérico viene del jardín.)

PANTOJA, MÁXIMO.

MÁXIMO.- (Con ardiente palabra en toda la escena.) Alto . . . Me dice el Marqués que de aquí, después da una larga conversación con usted, salió Electra en terrible desvarío.

PANTOJA.- (Turbado.) Aquí . . . cierto . . . hablamos . . . La niña . . .

MÁXIMO.- Mordida fue por el monstruo.

PANTOJA.- Tal vez . . . Pero el monstruo no soy yo. Es un monstruo terrible, que se alimenta de los hechos humanos. Se llama la Historia. (Queriendo marcharse.) Adiós.

MÁXIMO.- (Le coge fuertemente por un brazo.) ¡Quieto! . . . Va usted a repetir, ahora mismo, ahora mismo, lo que ha dicho a Electra ese monstruo de la Historia, para ponerla en tan gran turbación . . .

PANTOJA.- (Sin saber qué decir.) Yo . . . ante todo, conviene asentar previamente que . . .

MÁXIMO.- No quiero preámbulos . . . La verdad, concreta, exacta, precisa . . . Usted ha ofendido a Electra, usted ha trastornado su entendimiento . . . ¿Con qué palabras, con qué ideas? Necesito saberlo pronto, pronto. Se trata de la mujer que es todo para mí en el mundo.

PANTOJA.- Para mí es más: es los cielos y la tierra.

MÁXIMO.- Sepa yo al instante la maquinación que ha tramado usted contra esa pobre huérfana, contra mí, contra los dos, unidos ya eternamente por la efusión de nuestras almas; sepa yo qué veneno arrojó usted en el oído de la que puedo y debo llamar ya mi mujer. (PANTOJA hace signos dubitativos.) ¿Qué dice? ¿Que no será mi mujer . . . ? ¡Y se burla!

PANTOJA.- No he dicho nada.

MÁXIMO.- (Estallando en ira, con gran violencia le acomete.) Pues por ese silencio, por esa burla, máscara de un egoísmo tan grande que no cabe en el mundo; por esa virtud verdadera o falsa, no la sé, que en la sombra y sin ruido lanza el rayo que nos aniquila; (Le agarra por el cuello, le arroja sobre el banco.) por esa dulzura que envenena, por esa suavidad que estrangula, confúndate, Dios, hombre grande o rastrero, águila, serpiente o lo que seas.

PANTOJA.- (Recobrando el aliento.) ¡Qué brutalidad! . . . ¡Infame, loco! . . .

MÁXIMO.- Sí, lo soy. Usted a todos nos enloquece. (Reponiéndose de su ira.) ¿Quién sino usted ha tenido el poder diabólico de desvirtuar mi carácter, arrastrándome a estas cóleras terribles? Sin darme cuenta de ello, he atropellado a un ser débil y mezquino, incapaz de responder a la fuerza con la fuerza.

PANTOJA.- (Incorporándose.) Con la fuerza respondo. (Volviendo a su ser normal, se expresa con una calma sentenciosa.) Tú eres la fuerza física, yo soy la fuerza espiritual. (MÁXIMO le mira atónito y confuso.) Pueda yo más que tú, infinitamente más. ¿Lo dudas?

MÁXIMO.- ¿Que puede más?

PANTOJA.- La ira te sofoca, el orgullo te ciega. Yo, maltratado y escarnecido, recobro fácilmente la serenidad; tú no: tú tiemblas, Máximo; tú, que eres la fuerza, tiemblas.

MÁXIMO.- Es la ira que aún está vibrando . . . No la provoque usted.

PANTOJA.- (Cada vez más dueño de sí.) Ni la provoco, ni la temo . . . porque tú me maltratas y yo te perdono.

MÁXIMO.- ¡Que me perdona! . . . ¡a mí! Se empeña usted en que yo sea homicida, y lo conseguirá.

PANTOJA.- (Con serena y fría gravedad, sin jactancia.) Enfurécete, grita, golpea . . . Aquí me tienes inconmovible . . . No hay fuerza humana que me quebrante, no hay poder que me aparte de mis caminos. Injúriame, hiéreme, mátame: no me defiendo. El martirio no me arredra. Podrá la barbarie, destruir mi pobre cuerpo, que nada vale; pero lo que hay aquí (En su mente.) ¿quién lo destruye? Mi voluntad, de Dios abajo, nadie la mueve. Y si acaso mi voluntad quedase aniquilada por la muerte, la idea que sustento, siempre quedará viva, triunfante . . .

MÁXIMO.- No veo, no puedo ver ideas, grandes en quien no tiene grandeza, en quien no tiene piedad, ni ternura, ni compasión.

PANTOJA.- Mis finos son muy altos. Hacia ellos voy . . . por los caminos posibles.

MÁXIMO.- (Aterrado.) ¡Por los caminos posibles! Hacia Dios no se va más que por uno: el del bien. (Con exaltación.) ¡Oh, Dios! Tú no puedes permitir que a tu Reino se llegue por callejuelas, obscuras, ni que a tu gloria se suba pisando, los corazones que te aman . . . ¡No, Dios, no permitirás eso, no, no! Antes que ver tal absurdo veamos toda la Naturaleza en espantosa ruina, desquiciada y rota toda la máquina del Universo.

PANTOJA.- Sacrílego, ofendes a Dios con tus palabras.

MÁXIMO.- Más le ofende usted con sus hechos.

PANTOJA.- Basta. No he de disputar contigo . . . Nada más tengo que decirte.

MÁXIMO.- ¿Nada más? ¡Si falta, todo! (Le coge vigorosamente por un brazo.) Ahora va usted conmigo en busca de Electra, y en presencia de ella, o esclarece usted mis dudas y me saca de esta ansiedad horrible, o perece usted y perezco yo, y perecemos todos . . . Lo juro por la memoria de mi madre.

PANTOJA.- (Después de mirarle fijamente.) Vamos. (Al dar los primeros pasos sale EVARISTA de la casa.)

Escena XI

Los mismos, EVARISTA; tras ella la Superiora y dos
Hermanas de La Penitencia; después PATROS.

EVARISTA.- ¿Qué ocurre, Máximo . . . ? He sentido tu voz, airada.

MÁXIMO.- Este hombre . . . Venga usted, venga usted, tía. (Aparecen la Superiora y las Hermanas. Se alarma MÁXIMO al verlas.) ¡Oh! . . . ¡Esas mujeres! . . . (Llega PATROS del jardín presurosa.)

PATROS.- (Apenada, lloriqueando.) Señora, la señorita ha perdido la razón . . . Corre, huye, vuela, llamando a su madre . . . a los que queremos consolarla, ni nos oye ni nos ve.

EVARISTA.- (Avanzando hacia el jardín.) ¡Niña de mi alma!

MÁXIMO.- (Mirando el fondo.) Ya viene. (Suelta a PANTOJA y corre al jardín.)

PATROS.- El señor y el señor Marqués han logrado reducirla, y a casa la traen . . . (Aparece ELECTRA, conducida por DON URBANO y el MARQUÉS; junto a ellos MÁXIMO. Al ver a los que están en escena, hace alguna resistencia. Suave y cariñosamente la obligan a aproximarse. Trae el pelo y seno adornado con florecillas.)

Escena XII

ELECTRA, MÁXIMO, EVARISTA, PANTOJA, DON URBANO, el MARQUÉS, PATROS, la Superiora y Hermanas.

EVARISTA.- Hija mía, ¿qué delirio es ése?

MÁXIMO.- (Acudiendo a ella cariñoso.) Alma mía, ven, escúchame. Mi cariño será tu razón.

ELECTRA.- (Se aparta de MÁXIMO con movimiento pudoroso. Su desvarío es sosegado, sin gritos ni carcajadas. Lo expresa con acentos de dolor resignado y melancólico.) No te acerques. Yo no soy tuya, no, no.

MÁXIMO.- ¿Por qué huyes de mí? ¿A dónde vas sin mí . . . ?

PANTOJA.- (Que ha pasado a la derecha junto a EVARISTA.) A la verdad, a la eterna paz.

ELECTRA.- Busco a mi madre. ¿Sabéis dónde está mi madre? . . . La vi en el corro de los niños . . . fue después hacia la mimosa que hay a la entrada de la grata . . . Yo tras ella sin alcanzarla . . . Me miraba y huía . . . (Óyese lejano el canto de niños en el corro.)

MARQUÉS.- ¿Ves a Máximo? Será tu esposo . . .

MÁXIMO.- (Con vivo afán.) Nadie se opone; no hay razón ni fuerza que lo impidan, Electra, vida mía.

ELECTRA.- (Imponiendo silencio.) Ya no hay esposos ni esposas . . . ¡oh, qué triste está mi alma! . . . Ya no hay más que padres y hermanos, muchos hermanos . . . ¡Qué grande es el mundo, y qué solo está, qué vacío! Por sobre él pasan unas nubes negras . . . las ilusiones que fueron mías, y ahora son de nadie . . . no son ilusiones de nadie . . . ¡Qué soledad! Todo se apaga, todo llora . . . el mundo se acaba . . . se acaba. (Con arrebato de miedo.) Quiero huir, quiero esconderme. No quiero padres, no quiero hermanos . . . Quiero ir con mi madre. ¿Dónde está su sepulcro? Allí, juntas las dos, juntas mi madre y yo, yo le contaré mis penas, y ella me dirá las verdades . . . las verdades.

PANTOJA.- (Aparte a EVARISTA.) Es la ocasión. Aprovechémosla.

EVARISTA.- Hija mía, te llevaremos a la paz, al descanso.

MÁXIMO.- No es ésa la paz. El descanso y la razón están aquí. Electra es mía . . . (EVARISTA hace por llevársela.) Yo la reclamo.

ELECTRA.- Máximo, adiós. No te pertenezco: pertenezco a mi dolor . . . Mi madre me llama a su lado. (Ansiosa, expresando una atención intensísima.) Oigo su voz . . .

MÁXIMO.- ¡Su voz!

ELECTRA.- Silencio . . . Me llama, me llama. (Con alegría, delirando.)

EVARISTA.- ¡Hija, vuelve en ti!

ELECTRA.- ¿Oís? . . . Voy, madre mía. (Corre hacia las Hermanas.) Vamos. (A MÁXIMO que quiere seguirla.) Yo sola . . . Me llama a mí sola. A ti no . . . A mí sola, ¿No oís la voz que dice ¡Eleeeectra! . . . ? Voy a ti, madre querida. (Las Hermanas, EVARISTA y PANTOJA la rodean.)

MÁXIMO.- ¡Iniquidad! Para poder robármela le han quitado la razón. (Quiere desprenderse de los brazos del MARQUÉS y DON URBANO.)

MARQUÉS.- No la pierdas tú también. (Conteniéndole.)

DON URBANO.- Calma.

MARQUÉS.- Déjala ahora . . . Ya la recobraremos.

MÁXIMO.- ¡Ah! (Como asfixiándose.) Devolvedme a la verdad, devolvedme a la ciencia. Este mundo incierto, mentiroso, no es para mí.

FIN DEL ACTO CUARTO

ACTO V

Telón corto. Sala locutorio en San José de la Penitencia. Puertas laterales; al fondo un ventanal, de donde se ve el patio.

Escena I
EVARISTA, SOR DOROTEA.

EVARISTA.- (Entrando con la monja.) ¿Don Salvador . . . ?

DOROTEA.- Ha llegado hace un rato: en el despacho con la Superiora y la Hermana Contadora.

EVARISTA.- Allí le encontrará Urbano. Mientras ellos hablan allá, cuénteme usted, Hermana Dorotea, lo que hace, piensa y dice la niña. Ha sido muy feliz la elección de usted, tan dulce, y simpática, para acompañarla de continuo y ser su amiga, su confidente en esta soledad.

DOROTEA.- Electra me distingue con su afecto, y no contribuyo poco, la verdad, a sosegar su alma turbada.

EVARISTA.- (Señalando a la sien.) ¿Y cómo está de . . . ?

DOROTEA.- Muy bien, señora. Su juicio ha recobrado la claridad, y ya estaría reparada totalmente de aquel trastorno si no conservara la idea fija de querer ver a su madre, de hablarle, y esperar de ella la solución de su ignorancia y de sus dudas. Todo el tiempo que la dejan libre sus obligaciones religiosas, y algo más que ella se toma, lo pasa embebecida en el patio donde tenemos nuestro camposanto, y en la huerta cercana. Allí, como en nuestro dormitorio, la idea de su madre absorbe su espíritu.

EVARISTA.- Dígame otra cosa: ¿Se acuerda de Máximo? ¿Piensa en él?

DOROTEA.- Sí, señora; pero en el rezo y en la meditación, su pensamiento cultiva la idea de quererle como hermano, y al fin, según hoy me ha dicho, espera conseguirlo.

EVARISTA.- ¡Su pensamiento! Falta que el corazón responda a esa idea. Bien podría resultar todo conforme a su buen propósito, si la desgracia, ocurrida anteayer no torciera los acontecimientos . . .

DOROTEA.- ¡Desgracia!

EVARISTA.- Ha muerto nuestro grande amigo, Don Leonardo Cuesta, el agente de Bolsa.

DOROTEA.- No sabía . . .

EVARISTA.- ¡Qué lástima de hombre! Hace días se sentía mal . . . presagiaba su fin. Salió el lunes muy temprano, y en la calle perdió el conocimiento. Lleváronle a su casa, y falleció a las tres de la tarde.

DOROTEA.- ¡Pobre señor!

EVARISTA.- En su testamento, Leonardo instituye a Electra heredera de la mitad de su fortuna . . .

DOROTEA.- ¡Ah!

EVARISTA.- Pero con la expresa condición de que la niña ha de abandonar la vida religiosa. ¿Sabe usted si está enterado de estas cosas Don Salvador?

DOROTEA.- Supongo que sí, porque él todo lo sabe, y lo que no sabe lo adivina.

EVARISTA.- Así es.

DOROTEA.- (Viendo llegar a DON URBANO.) El señor Don Urbano.

Escena II

Las mismas; DON URBANO.

EVARISTA.- ¿La has visto?

DON URBANO.- Sí. Allí le dejo trabajando en el despacho, con un tino, con una fijeza de atención que pasman. ¡Qué cabeza!

EVARISTA.- ¿Tiene noticia de la última voluntad del pobre Cuesta?

DON URBANO.- Sí.

EVARISTA.- (A DON URBANO.) ¿Encontraste a nuestro buen amigo muy contrariado?

DON URBANO.- Si lo está, no se le conoce. Es tal su entereza, que ni en los casos más aflictivos deja salir al rostro las emociones de su alma grande . . .

EVARISTA.- (Con entusiasmo, interrumpiéndole.) Sí que domina las humanas flaquezas, y como un águila sube y sube más arriba de donde estallan las tempestades.

DON URBANO.- Preguntado por mí acerca de sus esperanzas de retener a Electra, ha respondido sencillamente, con más serenidad que jactancia: «Confío en Dios».

EVARISTA.- ¡Qué grandeza de alma! ¿Y sabía que el Marqués y Máximo son los testamentarios . . . ?

DON URBANO.- Sabía más. Recibió al mediodía una carta de ellos anunciándole que esta tarde vendrán, acompañados de un notario, a requerir a la niña para que declare si acepta o rechaza la herencia.

EVARISTA.- ¿Y ante esa conminación . . . ?

DON URBANO.- Nada: tan tranquilo el hombre, repitiendo la fórmula que le pinta de un solo trazo: «Confío en Dios».

Escena III

Los mismos; MÁXIMO, el MARQUÉS, por la izquierda.

MARQUÉS.- Aquí aguardaremos.

MÁXIMO.- (Viendo a EVARISTA.) ¡Ay, quién está aquí! Tía . . . (La saluda con afecto.)

EVARISTA.- (Respondiendo al saludo del MARQUÉS.) Marqués . . . ¿Con que al fin hay esperanzas de ganar la batalla?

MARQUÉS.- No lo sé . . . Luchamos con una fiera de muchísimo sentido.

EVARISTA.- ¿Y tú, Máximo, crees . . . ?

MÁXIMO.- Que el monstruo sabe mucho, y es maestro consumado en estas lides. Pero . . . confío en Dios.

EVARISTA.- ¿Tú también?

MÁXIMO.- Naturalmente: en Dios confía quien adora la verdad. Por la verdad combatimos. ¿Cómo hemos de suponer que Dios nos abandone? No puede ser, tía.

DON URBANO.- Al pasar por estos patios, ¿has visto a Electra?

MÁXIMO.- No.

DOROTEA.- (Asomada al ventanal.) Ahora pasa. Viene del cementerio.

MÁXIMO.- (Corriendo al ventanal con DON URBANO.) ¡Ah, qué triste, qué hermosa! La blancura de su hábito le da el aspecto de una aparición. (Llamándola.) ¡Electra!

DON URBANO.- Silencio.

MÁXIMO.- No puedo contenerme (Vuelve a mirar.) ¿Pero vive . . . ? ¿Es ella en su realidad primorosa, o una imagen mística digna de los altares? . . . Ahora vuelve . . . Eleva sus miradas al cielo . . . Si la viera desvanecerse en los aires como una sombra, no me sorprendería . . . Baja los ojos . . . detiene el paso . . . ¿Qué pensará? (Sigue contemplando a ELECTRA.)

MARQUÉS.- (Que ha permanecido en el proscenio con EVARISTA.) Sí, señora: falso de toda falsedad.

EVARISTA.- Mire usted lo que dice . . .

MARQUÉS.- O el venerable Don Salvador se equivoca, o ha dicho a sabiendas lo contrario de la verdad, movido de razones y fines a que no alcanzan nuestras limitadas inteligencias.

EVARISTA.- Imposible, Marqués. ¡Un hombre tan justo, de tan pura conciencia, de ideas tan altas, faltar a la verdad . . . !

MARQUÉS.- ¿Y quién nos asegura, señora mía, que en el arcano de esas conciencias exaltadas no hay una ley moral cuyas sutilezas están muy lejos de nuestro alcance? Absurdos hay en la vida del espíritu como en la naturaleza, donde vemos mil fenómenos cuyas causas no son las que lo parecen.

EVARISTA.- ¡Oh, no puede ser, y no y no! Casos hay en que la mentira allana los caminos del bien. ¿Pero hemos llegado a un caso de éstos? No, no.

MARQUÉS.- Para que usted acabe de formar juicio, óigame lo que voy a decirle. Virginia me asegura que de Josefina Perret, sin que en ello pueda haber mixtificación ni engaño . . . nació el hombre que ve usted ahí . . . Y lo prueba, lo demuestra como el problema más claro y sencillo. Además, yo he podido comprobar que Lázaro Yuste faltó de Madrid desde el 63 al 66.

EVARISTA.- Con todo, Marqués, no cabe en mi cabeza . . .

MARQUÉS.- (Viendo aparecer a PANTOJA por la derecha.) Aquí está.

MÁXIMO.- (Volviendo al proscenio.) Ya está aquí la fiera.

DOROTEA.- Con permiso de los señores, me retiro. (Se va por la izquierda. PANTOJA permanece un instante en la puerta.)

Escena IV
EVARISTA, MÁXIMO,
DON URBANO, el MARQUÉS, PANTOJA.

PANTOJA.- (Avanzando despacio.) Señores, perdónenme si les he hecho esperar.

MÁXIMO.- Enterado el señor de Pantoja del objeto que nos trae a La Penitencia, no necesitaremos repetirlo.

MARQUÉS.- (Benigno.) No lo repetimos por no mortificar a usted, que ya dará por perdida la batalla.

PANTOJA.- (Sereno, sin jactancia.) Yo no pierdo nunca.

MÁXIMO.- Es mucho decir.

PANTOJA.- Y aseguro que Electra, que sabe ya despreciar los bienes terrenos, no aceptará la herencia.

MÁXIMO.- (Conteniendo la ira.) ¡Oh! . . .

114

EVARISTA.- Ya lo ves: este hombre no se rinde.

PANTOJA.- No me rindo . . . nunca, nunca.

MÁXIMO.- Ya lo veo. (Sin poder contenerse.) Hay que matarle.

PANTOJA.- Venga esa muerte.

MARQUÉS.- No llegaremos a tanto.

PANTOJA.- Lleguen ustedes a donde quieran, siempre me encontrarán en mi puesto, inconmovible.

MARQUÉS.- Confiamos en la Ley.

PANTOJA.- Confío en Dios.

MÁXIMO.- La Ley es Dios . . . o debe serlo.

PANTOJA.- ¡Ah! señores de la Ley, yo les digo que Electra, adaptándose fácilmente a esta vida de pureza, encariñada ya con la oración, con la dulce paz religiosa, no desea, no, abandonar esta casa.

MÁXIMO.- (Impaciente.) ¿Podremos verla?

PANTOJA.- Ahora precisamente no.

MÁXIMO.- (Queriendo protestar airadamente.) ¡Oh!

PANTOJA.- Tenga usted calma.

MÁXIMO.- No puedo tenerla.

EVARISTA.- Es la hora del coro. Quiere decir Don Salvador que después del rezo . . .

PANTOJA.- Justo . . . Y para que se persuadan de que nada temo, pueden traer, a más del notario, al señor delegado del Gobierno. Mandaré abrir las puertas del edificio . . . permitiré a ustedes que hablen cuanto gusten con Electra, y si ella quiere salir, salga en buen hora . . .

MARQUÉS.- ¿Lo hará usted cono lo dice?

PANTOJA.- ¿Cómo no, si confío en Dios? (Se miran en silencio PANTOJA y MÁXIMO.)

MÁXIMO.- Yo también.

PANTOJA.- Pues si confía, aquí lo espero.

MARQUÉS.- Volveremos esta tarda. (Coge a MÁXIMO por el brazo.)

PANTOJA.- Y nosotros a la iglesia. (Salen DON URBANO, EVARISTA y PANTOJA.)

Escena V

El MARQUÉS; MÁXIMO, que recorre la escena muy
agitado con inquietud impaciente y recelosa.

MARQUÉS.- ¿Qué dices a esto?

MÁXIMO.- Que ese hombre, de superior talento para fascinar a los débiles y burlar a los fuertes, nos volverá locos. Yo no soy para esto. En luchas de tal índole, voluntades contra voluntades, yo me siento arrastrado a la violencia.

MARQUÉS.- ¿Qué harías, pues?

MÁXIMO.- Llevármela de grado o por fuerza. Si no tengo poder bastante, buscarlo, adquirirlo, comprarlo; traer amigos, cómplices, un escuadrón, un ejército . . . (Con creciente calor y brío.) Renacen en mí los tiempos románticos y las ferocidades del feudalismo.

MARQUÉS.- ¿Y eso piensa y dice un hombre de ciencia?

MÁXIMO.- Los extremos se tocan. (Exaltándose más.) A ese hombre, a ese monstruo . . . hay que matarlo.

MARQUÉS.- No tanto, hijo. Imitémosle, seamos como él astutos, insidiosos, perseverantes.

MÁXIMO.- (Con brío y elocuencia.) Seamos como yo, sinceros, claros, valientes. Vayamos a cara descubierta contra el enemigo. Destruyámosle si podemos, o dejémonos destruir por él . . . pero, de una vez, en una sola acción, en una sola embestida, en un solo golpe . . . O él o nosotros.

MARQUÉS.- No, amigo mío. Tenemos que ir con pulso. Es forzoso que respetemos el orden social en que vivimos.

MÁXIMO.- Y este orden social en que vivimos los envolverá en una red de mentiras y de argucias, y en esa red pereceremos ahogados, sin defensa alguna . . . manos y cuello cogidos en las mallas de mil y mil leyes caprichosas, de mil y mil voluntades falaces, aleves, corrompidas.

MARQUÉS.- Cálmate. Preparemos el ánimo para lo que esta tarde nos espera. Preveamos los obstáculos para pensar con tiempo en la manera de vencerlos . . . ¿Qué sucederá cuando le digamos a Electra que tú y ella no nacisteis de la misma madre?

MÁXIMO.- ¿Qué ha de suceder? Que no nos creerá . . . que en su mente se ha petrificado el error y será imposible destruirlo. ¿Sabe usted lo que puede la sugestión continua, lo que puede el ambiente de esta casa sobre las ideas de los que en ella habitan?

MARQUÉS.- Emplearemos, pues, medios eficaces . . .

MÁXIMO.- (Con mayor violencia.) Eficacísimos, sí: pegar fuego a esta casa, pegar fuego a Madrid . . .

MARQUÉS.- No disparates . . . En el caso de que la niña no quiera salir, nos la llevaremos a la fuerza.

MÁXIMO.- (Muy vivamente hasta el fin.) O la fuerza vencedora, o la desesperación vencida . . . Moriré yo, morirá ella, moriremos todos.

MARQUÉS.- Morir no: vivamos muy despiertos. Preparémonos para lo peor. Ya tengo las llaves para entrar por la calle nueva. La Hermana Dorotea nos pertenece . . . Chitón.

MÁXIMO.- ¡A la violencia!

MARQUÉS.- ¡Astucia, caciquismo!

MÁXIMO.- ¡Por el camino derecho!

MARQUÉS.- ¡Por el camino sesgado! (Cogiéndole del brazo.) Y vámonos, que nuestra presencia aquí puede infundir sospechas. (Llevándosele.)

MÁXIMO.- Vámonos, sí.

MARQUÉS.- Confía en mí.

MÁXIMO.- Confío en Dios.

Escena VI

Mutación.

Patio en San José de la Penitencia. A la derecha un costado de la iglesia, con ventanales, por donde se trasluce la claridad interior. A la izquierda, portalón por donde se pasa a otro patio, que se supone comunica con la calle. Al fondo, entre la iglesia y las construcciones de la izquierda, un

117

gran arco rebajado, tras el cual se ve en último término el cementerio de la Congregación. Noche obscura.

ELECTRA, SOR DOROTEA.

DOROTEA.- Tan cierto como ésta es noche, dos caballeros han venido a la casa con propósitos de llevarte al mundo. ¿No lo crees?

ELECTRA.- ¿Dos caballeros? Antes que me digas sus nombres, mi corazón los adivina: Máximo y el Marqués de Ronda . . . Si es verdad que quieren llevarme consigo, me ponen en grande turbación. Desde que vine a esta santa casa, emprendí, como sabes, la gran batalla de mi espíritu.   Trato, con la ayuda de Dios, de transformar en amor fraternal el amor de un orden muy distinto que arrebató mi alma. Encendido en mí con tal violencia aquel fuego del sol, no es tarea fácil convertirlo en fría claridad de luna . . . Pero al fin el continuo meditar, el desmayo del corazón, y las ideas dulces que Dios me envía, me van dando fuerzas para vencer en la batalla.

DOROTEA.- Hermana mía, si en ti sientes la fortaleza del amor nuevo, ¿por qué temes ver a Máximo?

ELECTRA.- Porque viéndole, pienso que todo el terreno ganado lo perderé en un solo instante.

DOROTEA.- (Incrédula.) ¿Y estás segura de haber ganado algún terreno?

ELECTRA.- ¡Oh! sí, alguno . . . no mucho todavía.

DOROTEA.- Entiendo, querida hermana que el ver a la persona te servirá para probar si, en efecto, puedes . . .

ELECTRA.- (Vivamente.) ¡Oh! no me lo digas . . . Tal como hoy me encuentro, en los principios de la lucha, junto a él no tendría mi conciencia ni un instante de tranquilidad . . . ¡Jesús mío! forcejeo con dos imposibles: no podré quererle como hermano, no podré quererle como esposo. ¡Qué suplicio . . . ! Al mundo no, no . . . Prefiero estar aquí, en esta soledad de muerte, en este laboratorio de mi alma, y junto a este crisol divino en el cual estoy fundiendo un vivir nuevo.

DOROTEA.- No esperes, Electra, que tus propias ideas te den la paz. Confía en Dios y en las personas que Dios te envía. (Resolviéndose a mayor claridad.) Hermana mía, no tiembles ante el que crees tu hermano. Alguien quizás negará que lo sea.

ELECTRA.- (Muy excitada.) Calla, calla . . . En asunto tan delicado, toda palabra que no traiga la certidumbre, es palabra ociosa y cruel, que no calma, sino que enloquece . . . Dios mío, dame la muerte o la verdad.

DOROTEA.- Sosiégate . . .

ELECTRA.- (Exaltándose más.) Todas las confusiones que al venir aquí me atormentaron, ahora renacen . . . Ángeles y demonios se atropellan en mi pensamiento . . . Déjame . . . Quiero huir de mí misma. (Recorre la escena con grande agitación. SOR DOROTEA va tras ella y trata de calmarla.)

DOROTEA.- Cálmate, por Dios . . . Hermana querida, tus tormentos tocan a su fin. (Mira con ansiedad hacia el portalón de la izquierda.)

ELECTRA.- (Creyendo oír una voz lejana.) Oye . . . Mi madre me llama.

DOROTEA.- No delires . . . Otras voces, voces de personas vivas, te llamarán . . .

ELECTRA.- Es mi madre . . . ¡Silencio . . . ! (Oyendo. Entra PANTOJA por la derecha.)

Escena VII

ELECTRA, PANTOJA, DOROTEA.

PANTOJA.- Hija mía, ¿cómo saliste de la iglesia sin que yo te viese?

DOROTEA.- Salimos a respirar el aire puro. Electra se asfixiaba. (Aparte.) La hora se acerca . . . Dios nos ayudará.

PANTOJA.- Hija mía, ¿te sientes mal?

ELECTRA.- (Con voz apagada y medrosa.) Mi madre me llama.

PANTOJA.- (Cariñosamente, cogiéndola de la mano.) La voz dulce de tu madre, hablándote en espíritu, te confortará, te ligará con lazos de piedad y amor a esta santa casa. (Óyese por la iglesia coro de novicias.) Escucha, hija mía, esas voces de los ángeles, que te llaman desde el Cielo.

ELECTRA.- (Delirando.) Es el canto de los niños jugando al corro. Entre esas voces tiernas suena la de mi madre llamándome a su sepulcro.

PANTOJA.- Estás alucinada. Es el caso de ángeles divinos.

ELECTRA.- No hay ángeles, no, no . . . Oigo mi nombre, oigo el bullicio de los niños, que remueve toda mi alma. Son los hijos del hombre, que alegran la vida. (Continúa oyéndose más apagado el coro de novicias.)

PANTOJA.- (Inquieto.) Hermana Dorotea, diga usted a la Hermana Guardiana que vigile la puerta de la calle Nueva y la de la Ronda. (A izquierda y derecha.)

DOROTEA.- Voy, señor.

PANTOJA.- No, no: yo iré . . . No me fío de nadie . . . Quiero vigilar todos los patios, todos los pasadizos y rincones del edificio. (Alarmado, creyendo sentir ruido.) Silencio . . . ¿No oye usted?

DOROTEA.- ¿Qué? . . . Nada, señor . . . Es aprensión.

PANTOJA.- Creí sentir rumor de voces . . . golpes en alguna puerta lejana. (Escucha.)

DOROTEA.- ¿Hacia qué parte? (Mirando al foro derecha, detrás de la iglesia.)

PANTOJA.- Hacia la Enfermería. ¡Oh, no tengo tranquilidad! Quiero ver por mí mismo . . . Electra, vuelve a la iglesia . . . Hermana llévela, usted . . . Espérenme allí . . . (Dándoles prisa.) Pronto . . . (Las conduce a la puerta de la iglesia . . . Se va presuroso, muy inquieto, por el foro derecha. DOROTEA le ve alejarse, coge de la mano a ELECTRA, y vivamente vuelve con ella al centro de la escena. ELECTRA, como sin voluntad, se deja llevar.)

Escena VIII

ELECTRA, SOR DOROTEA.

DOROTEA.- Ven . . . A la iglesia no.

ELECTRA.- Aquí . . . Quiero respirar . . . Quiero vivir.

DOROTEA.- (Aparte, inquieta.) Ya es la hora fijada por el Marqués . . . Aprovechemos los minutos, los segundos, o todo se perderá. (Mirando a la izquierda.) Voy a franquearles el paso a este patio . . . (Alto.) Hermana, espérame aquí.

ELECTRA.- (Asustada.) ¿A dónde vas? (La coge del brazo.)

DOROTEA.- (Con decisión, defendiéndose.) A mirar por ti, a devolverte la salud, la vida . . . Disponte a salir de esta sepultura, y llévame contigo.

ELECTRA.- (Trémula.) Hermana . . . no te alejes de mí.

DOROTEA.- Este instante decide de tu suerte. Volverás al mundo . . . verás a Máximo.

ELECTRA.- ¿Cuándo?

DOROTEA.- Ahora . . . la verás, entrar por allí . . . (Señala a la izquierda.) ¡Silencio . . . valor . . . ! No me detengas . . . No te muevas de aquí. (Vase corriendo por la izquierda.)

ELECTRA.- ¡Jesús mío, Virgen santa! . . . ¿Será cierto que . . . ? Por aquí . . . por aquí vendrá . . . (Cree ver a MÁXIMO en la obscuridad.) ¡Ah! . . . él es . . . ¡Máximo! (Hablando como en sueños, se aparta como lo haría de un ser real.) Apártate de mí . . . déjame . . . No puedo quererte como hermano, no puedo . . . En el fuego está el crisol, donde quiero fundir un corazón nuevo . . . ¿No ves que no puedo mirarte . . . ? ¿A qué me miras tú . . . ? No me llevarás al mundo . . . Aquí busco la verdad. Mi madre me llama. (Con acento desesperado.) ¡Madre, madre! (Vuélvese de cara al fondo. Al sonar las últimas palabras de ELECTRA, aparece LA SOMBRA DE ELEUTERIA, hermosa figura vestida de monja. ELECTRA, de espaldas al público, y con los brazos en cruz, la contempla.) ¡Oh! (Larga pausa.)

Escena IX

ELECTRA, LA SOMBRA DE ELEUTERIA, que vagamente se destaca en la obscuridad del fondo. ELECTRA avanza hacia ella. Quedan las figuras una frente a otra, a la menor distancia posible.

LA SOMBRA.- Tu madre soy, y a calmar vengo las ansias de tu corazón amante. Mi voz devolverá la paz a tu conciencia. Ningún vínculo de naturaleza te une al hombre que te eligió por esposa. Lo que oíste fue una ficción dictada por el cariño para traerte a nuestra compañía y al sosiego de esta santa casa.

ELECTRA.- ¡Oh, madre, qué consuelo me das!

LA SOMBRA.- Te doy la verdad, y con ella fortaleza y esperanza. Acepta, hija mía, como prueba del temple de tu alma, esta reclusión transitoria, y no maldigas a quien te ha traído a ella . . . Si el amor conyugal y los goces de la familia solicitan tu alma, déjate llevar de esa dulce atracción, y no pretendas aquí una santidad, que no alcanzarías. Dios está en todas partes . . . Yo no supe encontrarle fuera de aquí . . . Búscale en el mundo por senderos mejores que los míos, y . . . (LA SOMBRA calla y desaparece en el momento en que suena la voz de MÁXIMO.)

Escena X

ELECTRA, MÁXIMO, el MARQUÉS, SOR DOROTEA.

MÁXIMO.- (En la puerta de la izquierda.) ¡Electra!

ELECTRA.- (Corriendo hacia MÁXIMO.) ¡Ah!

PANTOJA.- (Por la derecha.) Hija mía, ¿dónde estás?

MARQUÉS.- Aquí, con nosotros.

MÁXIMO.- Es nuestra.

PANTOJA.- ¿Huyes de mí?

MÁXIMO.- No huye, no . . . Resucita.

FIN DEL DRAMA

BIBLIOBAZAAR

The essential book market!

Did you know that you can get any of our titles in large print?

Did you know that we have an ever-growing collection of books in many languages?

Order online:
www.bibliobazaar.com

Find all of your favorite classic books!

Stay up to date with the latest government reports!

At BiblioBazaar, we aim to make knowledge more accessible by making thousands of titles available to you- *quickly and affordably*.

Contact us:
BiblioBazaar
PO Box 21206
Charleston, SC 29413

10545357R00073

Printed in Germany
by Amazon Distribution
GmbH, Leipzig